Komplexitätsmanagement

Franz Reither
Komplexitätsmanagement

Denken und Handeln
in komplexen Situationen

Gerling Akademie Verlag

Die Deutsche Bibliothek – CIP-Einheitsaufnahme
Reither, Franz:
Komplexitätsmanagement : Denken und Handeln in komplexen
Situationen / Franz Reither. – München : Gerling Akad.-Verl., 1997
ISBN 3-9803352-6-7

Copyright © 1997, Gerling Akademie Verlag GmbH,
Prinzregentenstr. 11, D-80538 München.
Alle Rechte, insbesondere das Recht der Vervielfältigung
und Verbreitung, vorbehalten
Umschlaggestaltung: Claus Seitz, München
Titelabbildung: Grant V. Faint:
»Snow Geese Against Blue Sky« / TIB
Satz: Fotosatz Reinhard Amann, Aichstetten
Druck und Bindung: Claussen & Bosse, Leck
ISBN 3-9803352-6-7

www.gerling-academy-press.com

Inhalt

Einleitung 7

Komplexität als Eigenschaft heutiger und zukünftiger
Welten 9

  Komplexität – Merkmale und Kriterien 10
  Eigenschaften komplexer Systeme und Situationen 13

Komplexität als Herausforderung 19

  Die inhaltlichen Dimensionen 21
  Die interaktiven Dimensionen 25
  Die methodischen Dimensionen 31

Der Umgang mit Unbestimmtheit und Komplexität 41

  Typische Verhaltensformen, Reaktionsmuster
  und Fehler 43
  Verhalten unter Krisenbedingungen 71
  Wertorientierung in komplexen Entscheidungssituationen 91

Psychische Faktoren: Hintergründe und Wirkungsweisen 101

  Persönlichkeitsmerkmale und -eigenschaften 103
  Kompetenz, Kontrollverlust und die Angst vor
  Unsicherheit und Komplexität 108
  Die Rolle der Gefühle 117

Komplexität als Chance 123

  Diagnose, Training und neue Strategien im
  Komplexitätsmanagement 124
  Katastrophen, Chaos und Stabilität 136

Schlußbemerkung 143

Glossar 145
Literaturverzeichnis 151
Sachregister 153

Einleitung

Ziel des Buches ist es, das vielschichtige Phänomen der »Komplexität« in seinen Eigenschaften, Ausprägungen und Wirkungsweisen zu beleuchten. Dabei wird insbesondere auf die Verknüpfung theoretischer und praktischer Aspekte Wert gelegt. Komplexität als Eigenschaft heutiger und zukünftiger Welten umfaßt nicht nur Strukturmerkmale, sondern ist zugleich als dynamische Entwicklung sich stets wandelnder Vernetzungen mit deren Unstetigkeiten und Brüchen zu verstehen.

Die Merkmale von Komplexität finden sich inzwischen in allen wichtigen Lebensbereichen und stellen die Akteure vor bisher kaum gekannte Herausforderungen. So treten neben die hinlänglich bekannten und engagiert diskutierten ökologischen wie technischen Dimensionen mit ihren Großsystemen, der Mikrotechnik und Biotechnologie immer stärker auch Fragen der ökonomischen, sozialen und informationstechnischen Zusammenhänge. Hier gilt es, neben den jeweils bereichsspezifischen Merkmalen und Anforderungen auch die Gemeinsamkeiten zu erkennen, um daraus übergeordnete Anforderungsprofile abzuleiten.

Differenzierungsgrad und Komplexität der dafür notwendigen Methodik müssen der des untersuchten Gegenstands analog und ebenbürtig sein. Erst vor dem Hintergrund ausreichend abbildungsstarker Modelle läßt sich der Versuch einer Antwort auf die Herausforderungen von Komplexität wagen.

Die Notwendigkeit einer solchen Antwort wird spätestens dann deutlich, wenn man die psychischen Gesichtspunkte betrachtet. Die Angst vor Unsicherheit und Komplexität und die damit einhergehenden Gefühle von Ohnmacht und Unkontrollierbarkeit zeigen nicht nur ein häufig wiederkehrendes Muster, das Anhaltspunkte für ein besseres Verständnis der hier wirksamen Hintergründe liefern kann. Sie führt auch zu typi-

schen Reaktionen und Verhaltensweisen. Den dabei immer
wieder auftretenden Fehlern und ihren katastrophalen Folgen
sowie den Möglichkeiten und Erfahrungen, durch gezieltes
Training und neue Strategien mit Komplexität umzugehen, gilt
demzufolge besonderes Interesse.

Aus den bis hierher entwickelten Komponenten, Zusammenhängen und Hintergründen des Phänomens Komplexität
leitet sich schließlich der Ansatz ab, Komplexität als Chance zu
begreifen und zu behandeln. Die Prinzipien von Chaos und
Stabilität sind zugleich Wegweiser für eine gezielte Beeinflussung der Lebensfähigkeit der uns umgebenden Welt und ihrer
Teilsysteme. Sie können, verbunden mit den Erfahrungen und
Konzepten in Hinblick auf das psychische Geschehen, im
Grenzfall zu angemessenerem Krisenmanagement genutzt werden.

Daraus ergibt sich ein Verständnis von Komplexität, das eine
differenzierte, sowohl die Praxis wie auch die Theorie einbe-
ziehende Sicht der Probleme und Herausforderungen in den
Vordergrund stellt. Darüber hinaus werden die Möglichkeiten,
neue Dimensionen und Gestaltungsräume für die Zukunft auf-
zuzeigen, betont.

Ich möchte an dieser Stelle meinem langjährigen Lehrer und
freundschaftlich verbundenen Mentor in Forschung, Lehre
und deren praktischer Umsetzung, Herrn Prof. Dr. Dietrich
Dörner, herzlich danken. Bis zu welchem Grad meine Arbeit
ihm verpflichtet ist, wird sich wohl nie genau bestimmen lassen. Daß dieser Einfluß nicht hoch genug eingeschätzt werden
kann, darf als sicher gelten.

Mein Dank gilt weiterhin all jenen Kollegen und Mitarbeitern, deren Hilfe und Zusammenarbeit für den Umfang und
die Qualität des Materials und der Erfahrungen, auf die hier
zurückgegriffen werden kann, mitverantwortlich sind.

Ganz besonders aber danke ich meiner Frau, die in langjähriger Zusammenarbeit mit unvergleichlicher Geduld und Aus-
dauer, Präzision und Ideenvielfalt, mit Charme und Kritik bis
heute maßgeblich daran beteiligt ist, daß wir unsere Kenntnisse
und Erfahrungen in bezug auf den Umgang mit Komplexität
um einiges vertiefen und vor allem auch weitergeben konnten.

Komplexität als Eigenschaft
heutiger und zukünftiger Welten

Komplexität als eine Eigenschaft der uns umgebenden Welt zu akzeptieren, bedeutet zugleich, sich darauf einzulassen. Spätestens dann aber wird man bemerken, daß Komplexität nicht eine Eigenschaft, ein Attribut im üblichen Sinne ist, das diese Welt besitzt wie andere Eigenschaften. Komplexität entspricht vielmehr einem Zustand, der sich in ständiger Veränderung auf das Ganze bezieht und es nach eigenen Kriterien prägt.

nach welchen Kriterien?

Demzufolge stehen wir als Akteure in dieser Welt der Komplexität nicht als Manager gegenüber, die versuchen, ihre Vorstellungen davon, was sein sollte, von außen steuernd durchzusetzen. Wir befinden uns stattdessen inmitten des Gesamtsystems und sind zugleich ein Teil von ihm. Für das Verständnis der eigenen Rolle bei der Auseinandersetzung mit den Problemen, die zum einen aus unseren Absichten, Zielen und Plänen, zum anderen aus den vorgefundenen Bedingungen resultieren, ergeben sich damit weitreichende Konsequenzen vor allem für die Zukunft. Deren Entwicklungen mögen im Detail schwer voraussehbar sein, daß sie insgesamt komplexere Dimensionen als die momentan existierenden besitzen werden, darf sicher angenommen werden.

Schon bei den Definitionsversuchen, die trotz ihrer Schwierigkeit und Problematik Erwähnung finden sollen, wird man spüren, daß eine beschreibende Annäherung an das Phänomen angemessener ist. Dabei wird es nicht zu umgehen sein, sich phasenweise doch auf eine Position »außerhalb« der gerade anstehenden Thematik zu stellen. Es geschieht nur, um die Darstellung im jeweiligen Fall zu vereinfachen und sollte nicht als nachträglicher »Frontenwechsel« mißinterpretiert werden.

Komplexität – Merkmale und Kriterien

Auf die Frage »Was ist Komplexität?« oder »Was macht eine Sache, eine Situation komplex?« werden und wurden viele Antworten gegeben. Ein Zustand, der den Fragenden sicher nicht zufriedenstellen kann. Immerhin ist er dadurch gekennzeichnet, daß die Definitionsversuche nicht zu kraß widersprüchlichen Formulierungen geführt haben. Es läßt sich sogar der Standpunkt vertreten, daß sich die Bemühungen um eine begriffliche und formale Klärung des Phänomens Komplexität ergänzen. Sie alle betonen zwar unterschiedliche Aspekte, beziehen sich aber auf ein gemeinsames Grundkonzept. Die Situation ist der Betrachtung eines komplizierten Kunstwerks im Halbdunkel vergleichbar, dessen einzelne Facetten durch die Beleuchtung aus jeweils verschieden ausgerichteten Lichtquellen unterschiedlich deutlich hervortreten.

Um das Phänomen Komplexität zu »verstehen« oder sinnvoll mit ihm umgehen zu können, ist es überaus nützlich, möglichst viele seiner Aspekte zu kennen; sie nicht nur gesehen, sondern besser noch erfahren zu haben. Dabei wird die Perspektive des Beschreibers abgerundet durch jene des Anwenders, der wiederum zusätzliche und teilweise völlig neue, wichtige Dimensionen aus dessen Blickwinkel anführen kann.

Bedenkt man, daß es zur Zeit mindestens 30 ernstzunehmende Definitionsansätze gibt, die allesamt nicht für sich in Anspruch nehmen können, vollständig im Sinne einer erschöpfenden Beschreibung oder sogar Erklärung des Phänomens Komplexität zu sein, so soll hier nicht eine weitere angefügt werden. Stattdessen mag die Betrachtung einiger Merkmale und Kriterien, die häufig in diesem Zusammenhang genannt werden, hilfreich für ein besseres Verständnis sein.

Nicht wenige Definitionsversuche beziehen sich auf den Mengenaspekt komplexer Systeme, wobei z. B. die Vielzahl der das System konstituierenden Elemente oder die Menge der unter ihnen herrschenden Beziehungen maßgebend ist. Auch die Vielfalt unterschiedlicher Dimensionen oder hierarchischer

Ebenen, die ein System aufweist, werden als bestimmende Merkmale verwandt. Dabei vertreten einige die Ansicht, daß sich Komplexität aus einer ungewöhnlich starken Verfeinerung in die Detailebene ergibt, wohingegen andere die Auffaltung in immer höherdimensionierte Räume fordern.

Strukturelle Gesichtspunkte herrschen dagegen bei jenen Ansätzen vor, die auf die Enge und Vernetztheit der Verknüpfungen abheben oder den Informationsgehalt bzw. das Beziehungsgeflecht der Informationen in den Vordergrund stellen.

Dynamische Maße und solche, die sich auf die Reagibilität, d. h. die Fähigkeit, möglichst vielfältig auf Anforderungen von innen und außen in geeigneter Form antworten zu können, beziehen, bilden ebenfalls eine Gruppe von Definitionsversuchen. Dabei werden unter dem Begriff »Dynamik« Prozesse aus der Thermodynamik verstanden ebenso wie aus Realitätsbereichen, in denen vor allem abrupte, sprunghafte Änderungen wirksam sind.

Insbesondere aus dem letztgenannten Umfeld, der Chaosforschung, werden in jüngster Zeit vermehrt Alternativen zu den bisherigen Anstrengungen, Komplexität begrifflich zu fassen, angeboten. Doch gilt auch hier wie vordem: Systeme, aus deren Zuständen die jeweilige Definition abgeleitet wurde und für die sie im günstigen Fall auch gültig ist, stellen nur eine Untermenge dessen dar, was als Beschreibungs- und Erklärungshorizont angestrebt wird. Für die noch ausstehenden Erweiterungen finden sich in der Regel sofort zahlreiche Kritiker, deren massive und meist gut begründete Argumente vor allem die Grenzen des neuen Vorschlags aufzeigen.

Diese Aufzählung ist sicher nicht vollständig, doch sie unterstreicht den unangenehmen Tatbestand, daß Komplexität offensichtlich Ansichtssache ist. Obwohl Kritiker vor diesem Hintergrund immer wieder fordern, den Begriff wegen seiner Unschärfe und Beliebigkeit ganz aufzugeben, hält die Mehrzahl der theoretisch wie praktisch mit dem Phänomen Komplexität Beschäftigten an ihm fest. Er erweist sich letztlich als nicht auswechselbar, da er stets mehr umfaßt als die jeweils an

seine Stelle gesetzte Spezialdefinition. Und auf dieses »Mehr«
soll und kann nicht verzichtet werden, will man dem so Be-
nannten möglichst nahe kommen – zum besseren Verständnis
der uns umgebenden Welt und ihrer Zukunft sowie zum angemesseneren Umgang mit ihr.

Eigenschaften komplexer Systeme
und Situationen

Komplexität unter dem Blickwinkel des aktiven Umgangs mit komplexen Situationen und Systemen zu betrachten, zieht den Interaktionsgedanken nach sich, d. h. das Management von Komplexität in den Vordergrund zu stellen. Dabei ist es von Interesse, nach den wichtigen Aspekten dieses Umfelds zu fragen. Es soll jedoch, wie schon gesagt, nicht eine weitere Definition entstehen. Vielmehr geht es darum, sich über einige zentrale, theoretisch wichtige und in der Praxis häufig auftauchende Eigenschaften komplexer Situationen klar zu werden. Sie bilden nicht nur die Grundlage für die praktischen Befunde. Sie liefern auch den Hintergrund für allgemeinere Erklärungsversuche des Umgangs mit Komplexität. Nicht zuletzt bilden sie einen Rahmen, der für die persönlichen Erfahrungen jedes Einzelnen als Orientierungshilfe dienen kann.

Was ist es, das eine Situation, ein System, sei es technischer, ökonomischer, sozialer oder psychischer Natur oder sogar eines, das von all den Komponenten jeweils etwas besitzt, komplex erscheinen läßt? Woran liegt es, daß jemand in einer bestimmten Situation die ihn umgebende Welt als komplex, nicht selten als zu komplex empfindet?

Der Versuch einer Antwort stand am Beginn einer langjährigen Forschungsarbeit, die aufs engste mit dem Namen Dörner verknüpft ist und ihm ungewöhnlich viel verdankt. Es wäre vermessen zu behaupten, diese Antwort sei gefunden und abschließend formuliert worden, auch nach über 25 Jahren intensiver Suche. Nichtsdestoweniger haben sich einige Eigenschaften komplexer Situationen als für die Analyse der zugrundeliegenden Prozesse überaus brauchbar erwiesen. Das gilt auch für den Umgang mit ihnen und den Versuch, die dabei gefundenen Ergebnisse in die Praxis zu übertragen.

Komplexe Situationen, in denen wir Planungs-, Entscheidungs- und Handlungsprozesse systematisch untersucht und verändert haben, zeichnen sich demnach durch eine Reihe charakteristischer Eigenschaften aus. Diese Liste stellt den ak-

tuellen Stand unseres Wissens dar und erhebt nicht den Anspruch, erschöpfend und vollständig zu sein. Sie hat sich lediglich bislang sehr gut bei der Arbeit bewährt und enthält
zumindest nachvollziehbare und regelmäßig anzutreffende
Elemente. Nicht zuletzt finden sich entsprechende Positionen
auch in den eben skizzierten Definitionsansätzen rund um das
Thema Komplexität.

Es soll somit einer Situation oder einem System, unabhängig
von dem Weltausschnitt, den es darstellt, attestiert werden, daß
es komplex sei, wenn es

1 – unüberschaubar
2 – vernetzt
3 – eigendynamisch
4 – undurchsichtig
5 – wahrscheinlichkeitsabhängig
6 – instabil

ist.

Unüberschaubarkeit bedeutet in diesem Zusammenhang, daß die
Situation oder das zu beeinflussende System mehr Elemente
und Variablen enthält, als die aktuelle Informationsverarbeitungskapazität des Handelnden fassen kann. Die absolute Zahl
von Elementen, die dazu im Einzelfall nötig ist, kann individuell sehr unterschiedlich ausfallen. Ein Experte kann einen
Sachverhalt mit einem Blick überschauen und für seinen Gebrauch intern strukturieren, wohingegen ein Laie in derselben
Situation hoffnungslos in der Informationsmenge ertrinkt. Für
komplexe Sachverhalte gilt generell die Eigenschaft der Unüberschaubarkeit. Es lassen sich lediglich graduelle Abstufungen der damit verbundenen aktuellen Überforderung bei der
Informationsverarbeitung im einzelnen feststellen.

Ein bildhafter Vergleich mag dies verdeutlichen. Man stelle
sich einen Schachspieler vor, der drei Partien simultan spielen
soll. Nach jedem Zug wechselt er das Brett, um dem nächsten
Gegenspieler auf dessen letzten Zug zu antworten. Nach drei
Zügen sitzt er wieder dem ersten Mitspieler gegenüber usw.
Verfügt unser Schachspieler über die Kenntnisse eines zwar be-
geisterten, aber eben doch nur mäßig geübten Gelegenheits-

spielers, so wird er bereits bis an den Rand seiner Kapazitäten ausgelastet sein. Es wird ihm schwerfallen, alle drei Partien mit ihren individuellen Verläufen zugleich geistig vor Augen zu haben und sie nach den jeweils unterschiedlichen Entwicklungen beurteilen und nach Möglichkeit auch gewinnen zu können: Die Lage ist für ihn nur schwer überschaubar.

Versetzt man einen ausgewiesenen Schachgroßmeister in dieselbe Lage, so wird er nicht die geringsten Probleme mit der Vielfalt der Figuren und deren Positionen haben. Im Gegenteil, es sind durchaus Fälle bekannt, in denen Koryphäen 50 und mehr Simultanpartien erfolgreich bewältigten, obwohl hier die Zahl der Figuren und Möglichkeiten ungleich höher und damit rein mengenmäßig noch unüberschaubarer ist.

Der Unterschied zwischen dem Experten und dem Laien liegt in den differenzierteren Möglichkeiten des ersteren, aufgrund seiner besseren Erfahrungs- und Wissensbestände auch vielelementige Situationen klassifizieren zu können. Er vermag sie zu strukturieren, zusammenzufassen und sie dadurch leichter handhabbar zu machen.

Soll eine Situation als komplex im Sinne ihrer Unüberschaubarkeit gelten, so bedeutet dies mindestens für Teilbereiche, daß alleiniges Expertentum nicht ausreicht, um sie zu beherrschen. Noch einmal auf das Bild der Schachspieler bezogen hieße das hier, ein Brett statt mit üblicherweise 8 mal 8 mit 1000 mal 1000 Feldern und entsprechend höherer Figurenzahl zu verwenden. Spätestens jetzt hätte auch ein Großmeister mit der Unüberschaubarkeit zu kämpfen.

Die Eigenschaft der *Vernetztheit* komplexer Situationen bezieht sich darauf, daß die einzelnen Variablen und Zustandsgrößen der Situation vielfältig miteinander zusammenhängen. Sie werden jeweils von vielen anderen beeinflußt und beeinflussen ihrerseits wieder viele andere und möglicherweise auch sich selbst. Die einzelnen Variablen sind dabei in Ketten, Wirkungsnetzen oder Regelkreisen unterschiedlicher Dimensionen miteinander verbunden. In solchen Netzen muß man stets damit rechnen, daß Handlungen jenseits der beabsichtigten Wirkungen noch weitere Konsequenzen haben, die der ursprünglichen

Absicht teilweise durchaus zuwiderlaufen können. Diese Nebenwirkungen können sowohl unmittelbar wie auch als Spätfolgen auftreten. Auch hier soll ein Vergleich den Sachverhalt verdeutlichen helfen. Bemühen wir noch einmal das Bild von einem Schachbrett mit überproportionalen Ausmaßen. Wenn man sich vorstellt, alle Figuren seien mit elastischen Bändern untereinander verbunden, so bekommt man einen unmittelbaren Eindruck von dem, was hier mit Vernetzung gemeint ist. Eine beabsichtigte und durchgeführte Maßnahme, also das Ziehen einer im Moment für die eigene Strategie wichtigen Figur auf ein bestimmtes Feld des Bretts, kann problemlos und erfolgreich durchgeführt werden. Damit lassen sich die angestrebten Hauptwirkungen zunächst direkt erreichen. Allerdings sorgen die elastischen Verbindungen mit anderen Figuren dafür, daß als Folge dieses Zuges auch andere, zusätzlich zu den unmittelbar geplanten Bewegungen stattfinden und damit neue Konstellationen erzeugen, die dem Hauptzug eventuell einiges von seiner ursprünglichen Qualität und Durchschlagskraft nehmen.

Hinzu kommt, daß solche Nebeneffekte keineswegs immer unmittelbar spürbar und augenfällig sind. Die Figuren auf den Nebenschauplätzen des fiktiven Schachbretts geraten nicht selten in nur scheinbar unbedeutendes Schwanken, entfernen sich nur wenig von ihrer bisherigen Position. Jedoch nach einiger Zeit und etlichen weiteren Zügen können sich daraus durch Summierung und Aufschaukeln der Effekte dramatische Veränderungen ergeben, die als Auswirkung vorangegangener Züge im nachhinein kaum mehr nachvollziehbar und erklärlich sind. Solche Spätwirkungen als Folge von Vernetzung gehören zu den brisantesten Effekten in komplexen Systemen.

Eigendynamik einer komplexen Situation bedeutet, daß sich die Dinge auch ohne steuernde Eingriffe von außen selbständig fortentwickeln können und nicht auf einen Problemlöser und dessen Entscheidungen warten. Diese der Komplexität innewohnende Dynamik führt letztlich dazu, daß Entscheidungen und Eingriffe stets unter einem gewissen Zeitdruck stattfinden. Planungen und Entscheidungen dürfen sich nicht nur auf den aktuellen Zeitpunkt beziehen, sondern müssen zugleich auf künftige Entwicklungen abgestimmt sein. Zudem ergibt sich daraus eine nur begrenzte Verwertbarkeit von Handlungskonzepten. Deren Nutzen mag sich in der Vergangenheit zwar bewährt haben, ihre Übertragbarkeit auf heutige Fragestellungen ist damit aber keineswegs automatisch gegeben.

Undurchsichtigkeit heißt, daß die Variablen und Variablenzustände einer komplexen Situation nur teilweise und in manchen Fällen nur unscharf sichtbar sind. Diese Intransparenz erzeugt im Gegensatz zur Unüberschaubarkeit einen Mangel an Informationen. Häufig stehen für eine Entscheidung wichtige Daten nicht oder nur unvollständig zur Verfügung,* und es gibt auch keine Möglichkeit, diesen Mißstand endgültig zu beheben. Man ist darauf angewiesen, weite Bereiche einer komplexen Situation nur nach Stellvertreterinformationen und Symptomen zu beurteilen, von denen man erwartet, daß ihr Zustand Rückschlüsse auf die »dahinterliegende Wirklichkeit« zuläßt.

Die Situation ist jener vergleichbar, in der man vor einem in Halbdunkel und Nebel getauchten schwierigen Gelände ohne genaue Karte steht, das möglichst zügig durchquert werden muß. Auch hier wird man sich ohne indirekte Zusatzinformationen und hilfsweise Annahmen über die Geländeformationen schwer tun, die Durchquerung ungefährdet und verlustfrei zu überstehen.

Wahrscheinlichkeitsabhängigkeit bedeutet, daß Gesetzmäßigkeiten unter diesen Bedingungen nur mit einer bestimmten, möglicherweise sogar sich verändernden Wahrscheinlichkeit gelten. Die an der Oberfläche erkennbaren Zusammenhänge und Verknüpfungen von Ursachen und Auswirkungen gehorchen statistischen Gesetzen. Der Umgang mit ihnen unterliegt daher einem gewissen Risiko und einer entsprechenden Wirkungsunsicherheit, so daß z. B. Prognosen sehr selten ganz exakt zutreffen.

Hinzu kommt, daß in komplexen Systemen, wenn sie diese Bezeichnung verdienen, unter Umständen bereits geringfügige

* oder in unubersehbarer Vielfalt — ⟶ Selektion

Änderungen in einem Teilbereich zu dramatischen Reaktionen in anderen Bereichen oder sogar im Gesamtgefüge führen können. Die Anfälligkeit für solche Instabilitäten ist nicht nur situationsspezifisch, sondern kann sich auch innerhalb einer gegebenen Lage verändern.

So kann ein einziges, in vielen Fällen erprobtes und als geistreich empfundenes Wort in einer scheinbar gelassenen, aber unter der Oberfläche sehr gespannten Gesprächsrunde zu explosionsartigen Gefühlausbrüchen führen, deren Wucht den Verursacher völlig überrumpelt und verblüfft. Wir haben es hier mit dem Phänomen des Tropfens zu tun, der das Faß zum Überlaufen bringt. Dieser kritische Tropfen unterscheidet sich in gar nichts von seinen vielen Vorgängern, die das Faß jeweils nur ein wenig mehr gefüllt haben. Gerade diese Nichtunterscheidbarkeit macht es so schwierig, ihn als besondere Gefahr zu erkennen. Entscheidungen sind daher für den unter diesen Bedingungen Handelnden stets risikoreich und unsicher.

Komplexität als Herausforderung

Ist komplexität = komplexität ?

Die wirtschaftlichen, politischen und sozialen Entwicklungen der letzten Jahre zeigen immer deutlicher, daß dauerhafter Unternehmungs- und Projekterfolg zunehmend nur noch demjenigen beschieden ist, der sich den ständig komplexer werdenden Problemen, ihrer wachsenden Dynamik und Vernetzung effektiv stellen kann. Dies gilt gleichermaßen für Großunternehmen wie für die mittelständische Wirtschaft, für Projekte in der Kommunalpolitik und der Regionalentwicklung, aber auch in Bereichen der Technologie und Ökologie.

Dabei muß bedacht werden, daß diese Forderungen nicht auf Führungskräfte oder Funktionsträger in verantwortlichen Positionen beschränkt sind. Bis auf die Ebene der individuellen und persönlichen Lebensgestaltung reichen die Auswirkungen zunehmender Komplexität in unserer Welt. Letztlich kann sich niemand ohne spürbare Folgen – zumindest die spätwirkenden – dieser Herausforderung auf die Dauer entziehen. Wenigstens sollte jeder in der Lage sein, für sich eine eigene Standortbestimmung vornehmen zu können.

Die dafür notwendigen Strategien, d. h. über den aktuellen Problemaspekt hinausreichende Lösungskonzepte und die damit verbundene Flexibilität im Denken und Handeln, erfordern nicht nur ein hohes Maß an Fachwissen und Expertentum. Es bedarf zusätzlicher Erfahrungen im unmittelbaren Umgang mit Unbestimmtheit und Komplexität. Und dazu ist es keineswegs ausreichend, das vorhandene Fachwissen lediglich um die Kenntnis von »Komplexitätsbewältigungsstrategien« zu erweitern, wie entsprechend enttäuschende Befunde aus Forschung und Praxis immer wieder belegen. Die unmittelbare, an der laufenden Entwicklung sich stets neu orientierende und damit interaktive Vorgehensweise ist hier gefordert. Für diese Herausforderungen »strategisches Gespür« zu entwickeln, d. h. eine Kombination strategischer Systematik mit

flexibler Anpassungs- und – wichtiger noch – Veränderungs-
fähigkeit zu realisieren, ist aus unserer Sicht Kernpunkt eines
sich in diesem Sinne evolutionär verstehenden Komplexitätsmanagements.

Die inhaltlichen Dimensionen

Die Merkmale und Eigenschaften dessen, was wir Komplexität nennen, existieren nicht unabhängig von der uns umgebenden Welt. Sie sind nicht nur vor dem Hintergrund empirischer Erfahrungen und Analysen formuliert worden. Bei aller an Fragen der Grundlagenforschung zum menschlichen Denken und Handeln in komplexen Situationen interessierten Ausrichtung ist es von vornherein auch Absicht des Buches, Komplexität auf aktuelle Gegebenheiten anwenden und beziehen zu können. Man muß daher nicht lange suchen, um sie mit inhaltlichen Dimensionen zu verbinden.

So finden wir uns alle sowohl als Individuen wie auch als Mitglieder der unterschiedlichsten sozialen Gruppen und Gruppierungen in einem Netzwerk sozialer Beziehungen, dessen Verflechtungen und deren Änderungsdynamik ständig zunehmen. Dabei sind Verdichtungen und Lockerungen der Beziehungsgeflechte gleichermaßen wirksam. Das private Umfeld erlaubt dem Einzelnen, seine Lebensgestaltung immer unabhängiger vorzunehmen und nach sehr persönlichen Kriterien zu entfalten. Die zunehmende Zahl von sogenannten Singlehaushalten, der hohe Anteil frei verfügbarer Zeit und die hohe Mobilität mögen als Indizien dafür genügen. Zugleich erleben wir aber auch einen gewissen Druck auf den Einzelnen zur Öffnung bisher eher als festgefügt und stabil erlebter Strukturen. Man betrachte nur die Entwicklungen in den Bereichen beruflicher Bildung und Berufsausübung. Es ist zunehmend notwendig, den immer schneller sich verändernden Rahmenbedingungen und Inhalten der Arbeitswelt folgen und sich ihnen anpassen zu können. So hat sich beispielsweise die »Halbwertszeit« beruflich relevanten Wissens, also jener Zeitraum, nach dessen Ablauf die Hälfte der ursprünglich wichtigen Wissensinhalte ihre Gültigkeit oder Brauchbarkeit verliert, in den meisten Bereichen dramatisch verkürzt. Das bedeutet nicht nur ständiges Lernen und die Bereitschaft, sich von ehemals berufsrelevantem Wissen zu lösen. Es erfordert auch die soziale Flexibilität, im Laufe des

Arbeitslebens ganz unterschiedliche Berufe ausüben zu können und zu wollen. Daß diese Zunahme an Freiheitsgraden nicht unproblematisch ist, erleben wir täglich. Die Unabhängigkeit des Alleinlebens wird nicht selten als Bindungslosigkeit, die Variation innerhalb der beruflichen Tätigkeiten als Unstetigkeit empfunden, mit allen sich daraus ergebenden Komplikationen. Komplikationen übrigens, unter denen auch die politischen Gremien in ihrer Rolle als bedeutsame Funktionsträger im Sozialsystem leiden. Und nur der Vollstängigkeit halber soll die Selbstverständlichkeit erwähnt werden, daß die Zunahme an Freiheiten und deren nachdrückliche Ausnutzung durch viele Einzelne zu einer Verengung der sozialen Möglichkeiten insgesamt führt. Die Entwicklung des Individual- und Güterverkehrs auf unseren Straßen ist ein deutlicher Beleg dafür.

Andererseits finden sich zahlreiche Entwicklungen, die auf eine Verdichtung sozialer Vernetzungen hinauslaufen und damit Freiheiten unmittelbar einschränken. Das Zusammenwachsen zu immer größeren Einheiten, etwa im Rahmen übernationaler Verbände und Zusammenschlüsse innerhalb Europas, ist ein beredtes Beispiel dafür. Die damit verbundenen Erleichterungen bei grenzüberschreitenden Aktivitäten sind ebenso spürbar wie die allerorten sich abzeichnenden Irritationen aufgrund schwindender Identifikations- und Abgrenzungsmöglichkeiten.

Mit der sozialen Dimension von Komplexität eng verbunden ist der Bereich der Information, wenn dieser auch im wesentlichen technischen Charakter hat. Wir sprechen von Informationstechnologie, aber auch von Informationsgesellschaft. Über die Entwicklungspotentiale dieses Sektors wird momentan viel spekuliert und man tut gut daran, sie nicht zu unterschätzen. Denn die enorme Vernetzung einerseits und die im elementaren Sinne des Wortes unermeßliche Menge an verfügbaren Daten zum anderen setzen soviel Komplexität frei, daß hier eine besondere Herausforderung erwächst. Schon heute gibt es z. B. spezialisierte Dienstleistungsunternehmen, die sich als »Pfadfinder« im Informationsdickicht anbieten, da die gezielte Suche auf direktem Wege immer schwieriger wird. Hier reali-

sieren sich die Komplexitätseigenschaften der Unüberschaubarkeit und der Vernetzung mit all ihren Konsequenzen nach-
drücklich.

Ganz analoge Verhältnisse finden sich im Bereich der Tech- T
nik. Großtechnische Anlagen verfügen über ein immer größe-
res Arsenal hochkomplizierter Module, die immer flexibler
miteinander kombiniert werden können. Augenfällige Beispiele dafür lassen sich in den Bereichen der Energieerzeugung,
der Stahlverarbeitung und der Großchemie finden, um nur
einige zu nennen. Daneben und flankierend hat sich die Mikrotechnik zu einem hochdifferenzierten Zweig moderner
Technologie entwickelt, wobei die Miniaturisierung auf dem
Computersektor nur eine Facette von vielen darstellt. Meß-
und Analyseprozesse lassen sich dank der Fortschritte in der
Mikrotechnik inzwischen so verfeinern, daß die Steuerung
von Systemen in einem Grad der Differenzierung und Schnelligkeit möglich ist, die vor noch nicht allzu langer Zeit uner-
reichbar schienen. Dies wiederum erlaubt die Konstruktion
und den Betrieb höherdimensionierter Großanlagen. Die mit
dieser Komplexitätserweiterung einhergehende Leistungsstei-
gerung hat bekanntlich auch ihre Schattenseiten, wie eine
Reihe von Großunfällen der letzten Jahre schmerzhaft gezeigt
hat.

Auch im Hinblick auf die Ökonomie wird man feststellen, E
daß zunehmende Verflechtung, wachsende Größe und höhere
Schnelligkeit kennzeichnend sind. Konzernstrukturen machen
schon lange nicht mehr vor Landesgrenzen halt. Märkte öffnen sich weltweit, sowohl für Produkte wie auch für Arbeits-
kräfte. Besonders letzteres wirft für zahlreiche Sozialsysteme
Probleme völlig neuer Art und ungeahnter Brisanz auf. Und
schließlich sinkt die Lebensdauer der Produkte rapide, und sei
es nur aufgrund der beschleunigten technischen Entwicklungen. Parallel dazu haben sich auf dem Finanzsektor immer
stärkere internationale Vernetzungen entwickelt, deren Reak-
tionsgeschwindigkeit nicht zuletzt dank der verbesserten Informationstechnik frappierend ist. Als beeindruckende Bestätigung für das Gesagte kann das heutige Börsengeschehen
dienen.

Schließlich die vermutlich sensibelste und schwierigste Dimension komplexer Inhalte, die ökologische. Die Veränderungen der unmittelbaren wie der großräumigen, globalen Lebensumwelten lassen erkennen, mit welchem Ausmaß an Vernetzung, Dynamik und Unüberschaubarkeit wir es hier zu tun haben. Selbst wenn man sich auf einen relativ eng umgrenzten, lediglich die eigene Person betreffenden Betrachtungshorizont beschränkt, wird man akzeptieren müssen, daß viele der hier ablaufenden relevanten Prozesse nur teilweise bekannt und erklärbar sind. Des weiteren wirken nicht wenige Einflüsse »von außen« ohne die Möglichkeit einer direkten Beeinflussung. Schließlich existieren sogar im Bereich der gesicherten Wissensbestände zu Fragen der Umwelt und ihrer Zusammenhänge sehr unterschiedliche, wenn nicht sogar widersprüchliche Interpretationen. Als Beispiel sei hier der Sektor der individuellen Ernährung angeführt: welche Vielfalt an ernährungsphysiologischen, biotechnischen, produktions- und vermarktungsbedingten, politischen und weltanschaulichen Gesichtspunkten, die hier ins Feld geführt werden.

Betrachtet man die Dinge unter einer weitgefaßten Perspektive, so werden die ökologischen Zusammenhänge keineswegs überschaubarer, wie man aufgrund der damit einhergehenden größeren Distanz vermuten könnte. Eher ist das Gegenteil der Fall. Großsysteme wie Klima, Weltmeere oder die globale Bevölkerung sind in ihren Abhängigkeiten, ihrer Dynamik und ihrer Wirkungsweise trotz erheblicher Anstrengungen erst in Ansätzen bekannt. Gerade diese Unvollständigkeit macht es so schwierig, sich auf ein auch nur begrenzt einheitliches Vorgehen bei dem Versuch einer Problemlösung zu einigen. Wissenslücken werden oft nicht als solche erkannt, was der erste wichtige Schritt zu angemessenem Handeln wäre. Stattdessen treten Interessen in den Vordergrund, deren meist kurzfristige Orientierung obendrein nicht offengelegt wird. Es ist unschwer zu erkennen, daß unter solchen Bedingungen die Herausforderungen, die sich in der ökologischen Dimension von Komplexität zeigen und zugleich verbergen, kaum überschätzt werden können.

Die interaktiven Dimensionen

Die interaktive Auseinandersetzung mit Komplexität, der unmittelbare Umgang mit ihr stellt an den Akteur eine Reihe von Anforderungen. Diese betreffen zwar je nach inhaltlicher Ausprägung der Problemlage unterschiedliche Themen, nichtsdestoweniger besitzen sie zugleich auch einzelfallübergreifenden Charakter. Schon bei den eben skizzierten Sachbereichen waren immer wieder jene für komplexe Situationen und Systeme typischen Eigenschaften hervorgetreten. Sie sind es auch, die die Dimensionen des interaktiven Umgangs mit Komplexität bestimmen.

Dabei ist nicht zu vergessen, daß hier kein Anspruch auf erschöpfende Vollständigkeit erhoben wird, wie das schon bei der Zusammenstellung der Eigenschaften der Fall war. Es handelt sich vielmehr um in langjähriger Forschung und praktischer Umsetzung erfolgreich erprobte und eingesetzte Dimensionen, die allerdings für sich reklamieren, in jedem Fall wesentliche Aspekte des Komplexitätsmanagements abzubilden.

Zur Erinnerung: Eine Situation, ein System, das das Attribut komplex verdient, zeichnet sich dadurch aus, daß es unüberschaubar, vernetzt, eigendynamisch, undurchsichtig, wahrscheinlichkeitsabhängig und bis zu einem gewissen Grade instabil ist.

Unüberschaubarkeit, die Konsequenz aus einer zu umfangreichen Menge vorhandener Informationen, erfordert es, diese Vielfalt zu reduzieren und handhabbar zu machen. Damit ergibt sich die Notwendigkeit, Schwerpunkte zu setzen und zu abstrahieren, d. h. zwischen wichtigen und weniger wichtigen Aspekten der Sachlage zu unterscheiden. Häufig müssen allerdings die dafür nötigen Kriterien erst entwickelt werden. Außerdem, und das ist in der Praxis ein besonders ungern vollzogener Prozeß, müssen die einmal gewählten Kriterien, nach denen Wichtiges von Unwichtigem zu trennen ist, immer wieder in Frage gestellt werden. Dabei kann es durchaus geschehen, daß ehemals erfolgreiche und für das Vorgehen zentrale Konzepte sich als nur noch bedingt tauglich erweisen oder sogar als

gänzlich unbrauchbar herausstellen. Der notwendige Schwerpunktwechsel verlangt, sich inmitten einer unüberschaubaren
Situation erneut mit Grundsatzfragen zu beschäftigen.
Weiterhin kann man der Informationsflut dadurch begegnen, daß Teilprozesse zu übergeordneten Einheiten zusam-
mengefaßt werden. Das geschieht, indem z. B. statt einzelner
Abrechnungen, Lieferungen und Vertragsverhandlungen die
Geld-, Waren- und Informationsflüsse in einem Unternehmen
als Ganzes betrachtet werden. Diese Form der Gestaltbildung
erleichtert die Möglichkeit, Vergleichbares und Übertragungs-
möglichkeiten zwischen äußerlich unterschiedlichen, jedoch
strukturähnlichen Situationen zu erkennen und zu nutzen.
    Ebenso ist es zur Reduktion des Überangebots an Informa-
tionen nötig, sich zumindest zeitweilig darüber Rechenschaft
abzulegen, welche Systemgrößen Ursachencharakter besitzen
und welche eher als Auswirkungen einzustufen sind. Eine besondere Schwierigkeit ergibt sich hierbei daraus, daß unter
Komplexitätsbedingungen eine Systemvariable oder ein bestimmter Sachverhalt, die zu einem Zeitpunkt eindeutig als
Wirkungsgrößen fungieren, zu einem anderen Zeitpunkt als
verursachende Elemente wirken können. Damit unterliegt
eine der Situation angemessene Differenzierung zwischen Ursachen und Wirkungen ständigen Veränderungen, denen zur
Vermeidung folgenschwerer Fehlinterpretationen Rechnung
getragen werden sollte.
    Die wichtigste sich aus dem Netzcharakter komplexer Sy-
steme ergebende Konsequenz für den Umgang mit dieser
Eigenschaft ist das Auftreten von Nebenwirkungen, die sich
jenseits der beabsichtigten Effekte zusätzlich einstellen können.
Um damit umgehen zu können, ist es nötig, sich ein möglichst
vollständiges Bild von den wirksamen Zusammenhängen und
Verbindungen innerhalb des Netzes zu machen. Dies kann z. B.
mit Hilfe von Block- und Wirkungsdiagrammen geschehen,
mit denen sich die Ausbreitung von Maßnahmeneffekten im
System graphisch verdeutlichen läßt.
    Dabei können solche Nebenwirkungen sowohl unmittelbar
wie auch als zeitverzögerte Spätfolgen auftreten. Daraus resul-
tiert für den Akteur die Anforderung, bei allen wichtigen Ent-

scheidungen ein breites Umfeld im Auge zu behalten und aktuelle Ereignisse nicht nur auf rezente Maßnahmen zurückzuführen, sondern auch die zeitlich weiter zurückliegenden Ursachen zu erkennen und zu berücksichtigen.

Zusätzlich ist an eine qualifizierende Beurteilung aktueller Zustände und getroffener Entscheidungen aber auch ein differenzierter Zeithorizont in die Zukunft hinein anzulegen. Denn bei zeitlich verzögerten Prozessen zeigt sich der volle Umfang der Folgen, gewollter wie unbeabsichtigter, angenehmer wie störender, erst nach und nach. Dies erfordert ein in der Praxis vielfach kaum toleriertes Maß an Geduld. Schnelle Entscheidungen sind oft gefordert und werden nicht selten allein aufgrund dieser Eigenschaft für gut und anderen Alternativen gegenüber für überlegen gehalten. In Bereichen, in denen man sich auskennt, mag eine solche Einschätzung zutreffen. In den übrigen, soweit sie das Attribut komplex verdienen, gilt dagegen das klare Plädoyer für mehr Geduld. Es praktisch umzusetzen, fällt umso schwerer, als die moderne Informationstechnik uns in die Lage versetzt, in immer kürzeren Zeitabständen über immer größere Mengen aktueller Daten zu verfügen. So gehört es inzwischen nicht mehr zu den Einzelfällen, daß ein Unternehmen seine Verkaufsstrategie sowie die Beurteilung der verantwortlichen Vertriebsmitarbeiter nach den täglich ablesbaren Umsatzschwankungen ausrichtet. Ob ein solches Vorgehen die Bezeichnung »Strategie« überhaupt noch verdient, darf immerhin bezweifelt werden.

Analog dazu erfordern eigendynamische Systeme aufgrund ihrer ständigen Bewegung, daß der Trend des Geschehens – mehr noch als der für eine Situation oder Teile von ihr charakteristische Zustand – vom Akteur analysiert werden muß. Er muß auf dem Hintergrund dieser Analyse die Entwicklungen extrapolieren. Wenn die Daten ein strenges Verfahren nicht zulassen, muß er sie zumindest in einer unschärferen Form »hochrechnen«, um mit seinen Entscheidungen nicht hinter dem Geschehensablauf zurückzubleiben. Bildlich gesprochen lautet die Forderung: Wer einen Film beurteilen will, darf sich nicht auf Standfotos beschränken. Er muß die laufenden Bilder betrachten.

Hinzuzusetzen ist, daß ein Akteur keineswegs immer handeln muß, um als Handelnder zu gelten. Auch das Nicht-Eingreifen in eine Situation ist möglicherweise als gezielte Aktion zu bewerten, die zudem einiges an Geduld und Nervenstärke verlangen kann, wie gerade zum Thema Spätwirkungen ausgeführt. Die Ursache von Nichtstun kann in Hilflosigkeit und Unfähigkeit liegen, muß es aber nicht. Jedenfalls ist der Satz »Wer nichts tut, macht auch keine Fehler« Ausdruck unreflektierter Unsinnigkeiten.

Um den sich aus der Intransparenz ergebenden Informationsmangel auszugleichen, muß man sich aktiv und kreativ auf die Suche nach den schon genannten Symptomen und Stellvertreterinformationen machen. Dazu ist ein mehr oder weniger gezieltes Experimentieren mit den Situationskomponenten erforderlich, um anhand der Reaktionen auf zugrundeliegende Zusammenhänge schließen zu können. Dabei versagen in der Regel die üblichen Methoden der isolierten Bedingungsvariation. Dieses Vorgehen, als wissenschaftliche Methode unter Laborbedingungen durchaus sinnvoll und mächtig, verlangt, alle Bedingungen außer der zu untersuchenden Komponente, die systematisch variiert wird, konstant zu halten, um dann aus den Reaktionen des Gesamtsystems Rückschlüsse auf die Wirkung und Bedeutung der so behandelten Einzelgröße zu ziehen. In komplexen Situationen ist dagegen zum einen die hierfür nötige Konstanz der Randbedingungen nicht gewährleistet. Darüber hinaus laufen die Handlungsabsichten, die auf eine Veränderung der Situation zielen, dieser Konstanthaltung zuwider.

Stattdessen ist ein Vorgehen gefordert, das sich mit dem Begriff der »kombinierten Bedingungsvariation« beschreiben läßt. Mehrere Handlungselemente müssen miteinander kombiniert und dann als ganzes zugleich eingesetzt werden. Dieses Verfahren, das im Ansatz bereits den ersten Schritt einer strategischen Vorgehensweise darstellt, ist nicht weniger systematisch als das isolierte, es ergeben sich nur bei der Zuordnung der erzielten Effekte zu den möglichen Ursachen Unschärfen. Beim gleichzeitigen Eingreifen an verschiedenen Stellen eines Netzwerks ist es prinzipiell nur in Ausnahmefällen möglich, die erzielten

Veränderungen exakt ihren Ursachen zuzuordnen. Zu glauben, daß in komplexen Situationen das isolierte Variieren genauere Zuweisungen erlaubt, wäre allerdings fatal. Und schließlich stellt sich noch das Problem der sinnvollen Zusammenstellung geeigneter Kombinationen von Handlungselementen.

Die Situation ist bis zu einem gewissen Grad vergleichbar der eines Schiffsführers in teilweise unbekannten Gewässern. Er wird zur Orientierung nach Oberflächenmerkmalen Ausschau halten, etwa nach Bojen suchen, deren Bedeutung er kennt oder zumindest erschließen kann. Diese Fahrwassermarkierungen sind in dem genannten Sinne Stellvertreter für sonst nur schwer erkennbare Hintergründe. Eine solche Boje bezeichnet z. B. die Stelle, an der eine Untiefe gefährlich werden kann, sie ist nicht selbst die Untiefe. In völlig unbekannten Regionen wird er zunächst mühsam per Echolot Informationen über die Wassertiefe einholen, um anschließend eigene Markierungen auszusetzen, die beim erneuten Befahren des Gebiets die sichere Überquerung erleichtern.

Probabilistische, also wahrscheinlichkeitsabhängige Zusammenhänge erfordern zu ihrer gezielten Beeinflussung nicht nur die ungefähre Kenntnis der Wahrscheinlichkeitsübergänge zwischen den Zuständen der betroffenen Variablen, sondern sie erzeugen auch ein generelles Klima der Unsicherheit, dem angemessen zu begegnen ein zusätzliches Problem darstellt. Die Anforderung, unter teilweise unklaren Rahmenbedingungen Annahmen über die Wahrscheinlichkeit des Eintreffens oder Nichteintreffens kompliziert miteinander verknüpfter Ereignisse zu machen, wird noch durch die Tatsache verschärft, daß wir, selbst wenn wir über die genaueste Kenntnis der Wahrscheinlichkeitsrechnung verfügten, davon doch nur selten Gebrauch machen würden. Stattdessen neigen menschliche Entscheider dazu, ihre Wahrscheinlichkeitsannahmen durch subjektive Einschätzungen zu ergänzen, die wenig mit der Sache selbst, jedoch viel mit ihren Wünschen und Vorurteilen zu tun haben.

So verschieben sich beispielsweise Erwartungen, die für den Akteur mit angenehmen Effekten verbunden sind, in ihrer geschätzten Eintreffenswahrscheinlichkeit nach oben. Unange-

nehme Ereignisse werden dagegen herabgestuft. Diese Neigung
machen sich beispielsweise Glücksspielbetreiber erfolgreich
zunutze: Die Gewinne eher für mich, die Verluste für die anderen. Daß die Verteilung in der Regel für jedes Spiel und alle
Spieler gleichermaßen festliegt, wird häufig und gern sogar
trotz besseren Wissens einfach übersehen. Mechanismen wie
diese machen es einerseits normierten Entscheidungsmodellen
so schwer, wirkliche Entscheidungsprozesse befriedigend abzubilden oder gar vorherzusagen, sie fordern oberdrein vom
Entscheider, sich seiner persönlichen Neigungen, Wahrscheinlichkeiten zu »ergänzen«, bewußt zu werden.

Bleibt schließlich noch der Umgang mit Instabilitäten, jenen
Unstetigkeitsstellen und Sprüngen im Verhaltensmuster komplexer Systeme. Der Akteur muß sich unter solchen Bedingungen über diese kritischen Zonen im System ein Bild verschaffen
und zugleich unter der Gefahr dramatischer Entwicklungen
agieren. Gefordert ist hier ein geschärftes Sensorium für die
Tragfähigkeit des Untergrundes, auf dem man sich bewegt. Das
Knistern eines normalen und nicht weiter bedeutsamen Span-
nungsausgleichs ist von jenem zu unterscheiden, das ein Auf-
brechen von Abgründen ankündigt.

Unabhängig von den Belastungen, die allein das Bewußtsein
von möglichen Gefährdungen dieser Art mit sich bringt, sollte
der Akteur im vorhinein über eingeübte Techniken zum Krisenmanagement verfügen, da gerade unter dramatischen Bedingungen die Chance, neue und zugleich wirksame Lösungsansätze zu finden, drastisch reduziert ist.

Damit wäre der Katalog wesentlicher Anforderungen für
den interaktiven Umgang mit komplexen Situationen skizziert.
Für das Management komplexer Systeme ergibt sich nun die
Frage des Zugangs. Die unabdingbare Notwendigkeit, über das
Wissen um diese Zusammenhänge hinaus unmittelbare Erfahrungen machen zu können, setzt methodische Ansätze voraus,
die Komplexität nicht nur abbilden, sondern die selbst hoch-
komplex sind.

Die methodischen Dimensionen

Die Herausforderung, Unternehmen und Projekte für die Aufgaben der Zukunft leistungs- und konkurrenzfähig zu gestalten, wird in erster Linie über eine gezielte Entwicklung ihrer Führungskräfte erfolgreich zu bewältigen sein. Gerade unter den Aspekten wachsender Komplexität und Dynamik einerseits, der Forderung nach mehr unternehmerischem Mut und Können und nach mehr Bereitschaft, Verantwortung in größerem Stil zu übernehmen, andererseits, kommt integrativen und dynamischen Entwicklungsprogrammen eine zentrale Rolle zu. Programme, die dies realisieren können, müssen sich entsprechend differenzierter und leistungsfähiger Methoden bedienen.

Die Entwicklung und der Einsatz prozeßorientierter hochkomplexer Simulationsmodelle, wie er hier beschrieben und bereits seit Jahren erfolgreich in nationalen und internationalen Großunternehmen und -projekten praktiziert wird, ist immerhin in der Lage, wesentliche Teile dieser Forderungen zu erfüllen.

Die in diesem Zusammenhang verwendeten prozeßorientierten Simulationsmodelle sind Computerprogramme, die komplizierte, vernetzte und eigendynamische »Modellwelten« simulieren, mit denen ein Akteur interaktiv umgehen kann. Im Gegensatz zu üblichen Planspielen, bei denen sich die Analyse und Auswertung ergebnisorientiert auf den Endzustand des Modells konzentrieren, bezieht der prozeßorientierte Ansatz vor allem den »Weg« der Entscheidungen und Handlungen und deren Konsequenzen mit in die Analyse ein.

Zudem verfügen diese Modelle – und auch das unterscheidet sie grundlegend von herkömmlichen Planspielen – neben den sogenannten »harten« betriebswirtschaftlichen und technischen auch über differenzierte »weiche« Einflußfaktoren kultureller, sozialer und psychischer Natur. Diese ermöglichen es, projekt- und unternehmenskulturspezifische Aspekte in hohem Maße mitzuberücksichtigen.

Um einerseits ein möglichst genaues Abbild der dem jeweiligen Modell zugrundeliegenden Realität zu erhalten, zum anderen ein breites Spektrum individueller Strategien und Vorgehensweisen abbilden zu können, ist es nötig, die Modelle so zu konstruieren, daß sie einen variantenreichen, freien und flexiblen Umgang erlauben. Diese Eigenschaft ist nur über dynamische Systeme größeren Umfangs und hoher Komplexität mit Funktionalzusammenhängen höherer Dimension realisierbar, die zudem über das gesamte Spektrum der für die Unternehmens- bzw. Projektwelt und ihr Umfeld relevanten Faktoren verfügen.

Modelle dieser Art werden
- zur Demonstration
- zum Training
- zur Erprobung und Einübung von betriebswirtschaftlichen Kenntnissen und Fähigkeiten
- als Integrationsfelder für neue und bereits vorhandene Führungskompetenzen
- zur Potentialanalyse
- zur Krisenbewältigung
- zur zielorientierten Führung und Integration widersprüchlicher Ziele
- zur begleitenden Entscheidungshilfe in Unternehmens- und Projektmanagement
- zur Risikoanalyse

bei Planungs-, Entscheidungs- und Handlungsprozessen in vernetzten, komplexen, dynamischen und kritischen Situationen erfolgreich eingesetzt.

Grundsätzlich wird dieser Einsatz durch eine differenzierte und das individuelle Verhalten abbildende Beobachtung ergänzt und begleitet. Diese Daten bilden den unerläßlichen Hintergrund für genaue und überzeugende persönliche Verhaltensanalysen zur Beantwortung jeweils aktueller diagnostischer Fragestellungen.

Für diese Zwecke stehen bereits diverse Simulationsmodelle zur Verfügung, die aus realen Unternehmungen und Projekten mit ihren zugehörigen »Umwelten« gewonnen wurden. Ebenso existieren inzwischen ein reichhaltiger Erfahrungshintergrund sowie umfangreiches empirisches Datenmaterial zur praktischen Anwendung. Beides ermöglicht die relativ schnelle Konstruktion neuer, auf individuelle Fragestellungen spezifischer Projekt- oder Unternehmensbereiche und ihrer besonderen kulturellen Bedingungen zugeschnittener Modelle. Bei stetiger Anpassung an den aktuellen Stand der Dinge können diese auch als begleitende Orientierungs- und Entscheidungshilfen genutzt werden.

Für eine solche individuelle Modellanpassung werden von seiten des Unternehmens oder der Projektbeteiligten die für den gewünschten Realitätsbereich relevanten Aspekte und Kriterien zusammengetragen und anschließend vom Konstrukteur in das Modell integriert. Auf diesem Wege erhalten die Entscheidungsträger, z. B. die Geschäfts- oder Projektleitung, die Möglichkeit, ihnen wichtig erscheinende Dimensionen in das System einzufügen. Damit ist es anschließend möglich, Führungskräfte auf diese besonderen Aspekte vorzubereiten, sie dafür zu sensibilisieren oder aber die Kompetenz im Umgang mit ihnen speziell zu trainieren und zu prüfen.

Nach den bisherigen Erfahrungen ist dieser aufwendige Ansatz vor allem für eine differenzierte Berücksichtigung betriebs- und finanzwirtschaftlicher Inhalte und ihrer Entwicklungen sinnvoll und erfolgreich. Weiter ist er anzuwenden für die genaue und detailreiche Ausgestaltung mit kulturspezifischen Unternehmens- bzw. Situationsmerkmalen, die zum großen Teil den oben genannten »weichen« Faktoren zuzurechnen sind. Der Einsatz ähnlich anspruchsvoller Modellierungen in der Großanlagentechnik hat sich ebenfalls bewährt, wobei in diesen Fällen allerdings die Risikoanalyse und -minderung im Vordergrund steht.

Die kulturellen Besonderheiten eines Unternehmens oder Projekts, die für Mitarbeiter zu erfahren und für sich zu integrieren in der Regel ein längerwieriger Prozeß ist, können auf diesem Wege schnell und gezielt »erfühlt«, erprobt und erworben werden.

Der Umgang mit den Modellen erfordert stets die aktive Auseinandersetzung gleichermaßen mit ökonomischen, technischen, organisatorischen, personellen, verwaltungs- und sicherheitstechnischen, aber auch sozialen, psychischen, politischen, ökologischen und kulturellen Aspekten. Die Gewichtungen dieser Faktoren sind zwar von Fall zu Fall unterschiedlich. Sie sind aber allesamt wirksam. Die Dynamik solcher Situationen erfordert es, die sich aus Entscheidungen und Eingriffen entwickelnden Konsequenzen in die Planungs- und Handlungskonzepte einzubeziehen. Eine Eigenschaft, die insbesondere bei verstärkter Zielorientierung der Führungskonzepte an Bedeutung gewinnt. Denn durch die Verlagerung der Verantwortlichkeiten auf relativ eigenständige Unterbereiche werden eigendynamische Prozesse intensiviert.

Im Rahmen differenzierter Potentialanalysen lassen sich zusammen mit den genannten Verhaltensbeobachtungen aufgaben- und positionsgerechte individuelle Stärken-Schwächen-Profile herausarbeiten. Sie ermöglichen eine gezielte Förderung und Entwicklung und den effektiven Einsatz von Führungskräften.

Darüber hinaus können diese Modelle unmittelbar als Entscheidungshilfeinstrumente bei strategischen, mittel- und langfristigen Planungen und Entscheidungen eingesetzt werden. Dies gewinnt sowohl bei der Auswahl und Beurteilung von Prioritäten an Bedeutung als auch bei krisenanfälligen Systemen zur Abschätzung von Risiken, die sich erst aus der Interaktion von Akteuren mit dem jeweiligen System ergeben.

Eine interessante Variante der Projektplanung mit dieser Methodik besteht schließlich in der Möglichkeit, ausgehend von bestimmten Zielzuständen und Ergebnissen im Sinne einer Rückwärtsplanung jene Strategien einzugrenzen, die mit großer Wahrscheinlichkeit zu den gewünschten Effekten führen.

Die Formulierung der Kriterien, hinsichtlich derer eine Vorgehensweise beurteilt und optimiert werden soll, birgt allerdings ungeahnte Schwierigkeiten in sich. Lediglich zu fordern, daß die Effizienz oder der Gewinn oder ähnlich eindimensionale Größen gesteigert werden sollen, reicht für eine sinnvolle Anwendung keineswegs aus. Je allgemeiner und unpräziser solche Zielansprachen ausfallen, desto beliebiger sind auch die dazugehörigen Empfehlungen. Sich vorab über gewünschte Zielzustände differenziert Gedanken zu machen und sich detailliert Rechenschaft abzulegen darüber, was eigentlich erreicht werden soll, ist eine unabdingbare Voraussetzung für eine erfolgreiche Rückwärtsplanung. Dieser Prozeß ist in der Praxis regelmäßig mühsamer als erwartet, doch der Aufwand lohnt sich, auch dann noch, wenn danach keine Simulation folgt.

Die Abbildung auf der nächsten Seite faßt das Gesagte zusammen. Der Kasten links enthält die wichtigsten Komponenten und Eigenschaften der komplexen »Modellwelten« bzw. Simulationen. Sie dienen zur Anwendung für den im Kasten rechts daneben angegebenen Personenkreis. Dieser Kreis kann sie unter den aufgeführten Aspekten, die sich in erster Linie auf Psychisches beziehen, entweder für die Erprobung von Strategien und Konzepten mit den Schwerpunkten Training und Diagnose (oberer Kreislauf) oder für die Analyse komplexer Systeme mit den Schwerpunkten Planung, Steuerung und Beurteilung (unterer Kreislauf) einsetzen.

Der Einsatz solcher Modelle setzt natürlich deren Entwicklung voraus. Da es weder zu Forschungs- noch zu Anwendungszwecken Vergleichbares auf dem Markt gibt, jedenfalls nicht, wenn die genannten Komplexitätseigenschaften erfüllt und eine zugestandenermaßen sehr hoch angesetzte Realitätsübereinstimmung gewährleistet sein soll, ist in jedem Einzelfall das Simulationsmodell erst zu konstruieren. Die Idee, ein einmal entwickeltes »Grundmodell« als Basis für Spezialentwicklungen in unterschiedlichen Realitätsbereichen zu verwenden, indem man jeweils nur die falltypischen Spezifika auswechselt, hat sich übigens in der Praxis als ungewöhnlich mühsam und letztendlich auch als erfolglos herausgestellt. Wir haben gute Gründe zu vermuten, daß bereits in der Grundstruktur solcher dynamischen Großsysteme wesentliche Komponenten für die späteren Verhaltensweisen angelegt sind, so daß sich in jedem Einzelfall eine Neukonstruktion empfiehlt.

Ohne ein endgültiges Urteil über die generelle Möglichkeit oder Unmöglichkeit eines einheitlichen Komplexitätsmodells, das zumindest für ganze Klassen von Welten Gültigkeit besitzt, abgeben zu wollen, scheint es zur Zeit darum eher kritisch bestellt zu sein. Abgesehen von den eigenen Erfahrungen und

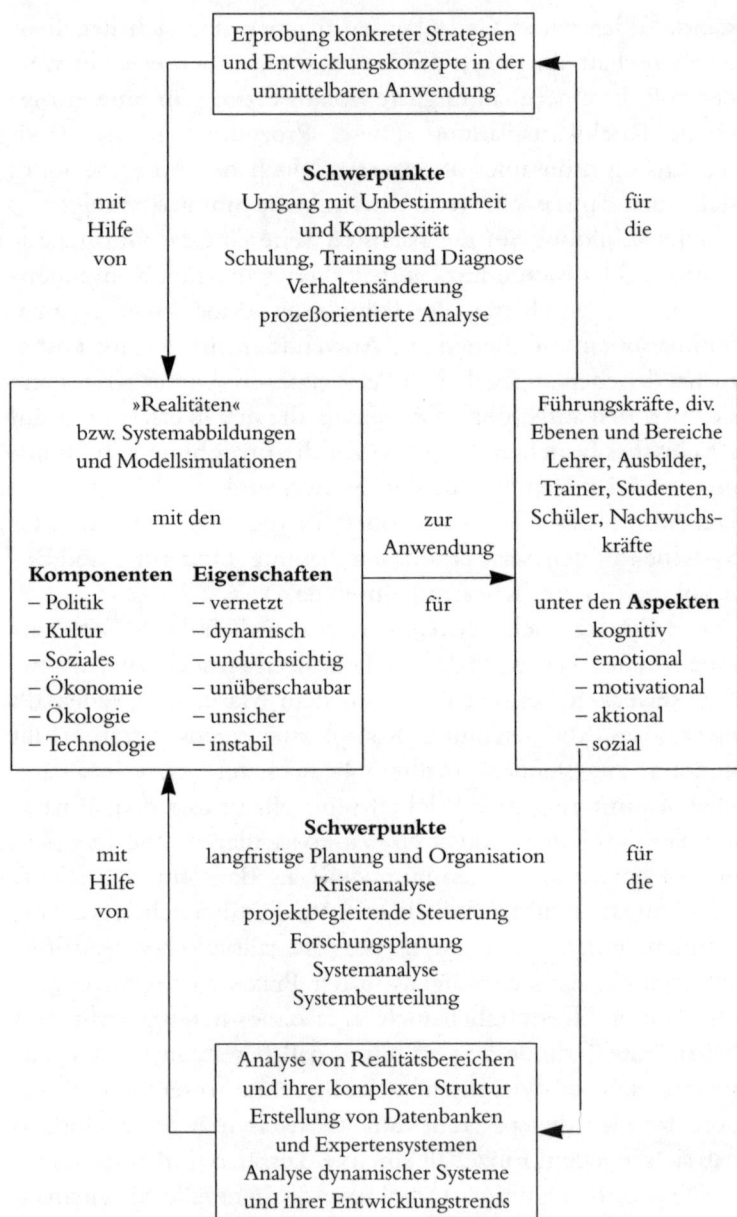

Abbildung 1: Einsatz und Anwendung prozeßorientierter hochkomplexer Simulationsmodelle

Ergebnissen, aber auch denen ähnlich gelagerter Untersuchungen anderer, ist selbst aus dem besonders ausgewiesenen Santa-Fe-Institut in New Mexico diesbezüglich kaum Ermutigendes zu hören – im Gegenteil. Bis zur Klärung dieser Fragen hat es sich als pragmatisch günstig erwiesen, dem jeweiligen Einzelfall zu folgen und sich seinen spezifischen Bedingungen zu beugen.

Demzufolge wollen wir an einer konkreten Situation – einem Konzern aus dem Dienstleistungssektor – den Entwicklungsweg eines solchen Modells darstellen, auch wenn damit in Kauf genommen werden muß, eine wahrscheinlich nur bedingt verallgemeinerbare Schilderung zu liefern.

Als genereller Orientierungsrahmen gilt grundsätzlich, daß sich die Konstruktion vor allem an den realen Phänomenen ausrichtet. Sie bezieht vorab so wenig wie irgend möglich Anleihen aus theoretischen Entwürfen, sei es zu wirtschaftlichen, sozialen oder mathematisch-systemtheoretischen Themen. Dieser Devise folgend beginnt der Entwurf mit einer Darstellung der Sachlage, ihres Umfeldes und ihrer Hintergründe aus der Sicht der Betroffenen und Kenner. Diese ersten Konzepte sind ein Konglomerat aus Texten, Zeichnungen, Tabellen und Protokollmitschriften der Diskussionen. Ein bedeutsamer Punkt in dieser Anfangsphase ist die Einigung auf den simulationsrelevanten Zeitraum in der Vergangenheit. Parallel dazu werden Datenbanken zusammengestellt, die sich auf den gewählten Zeitabschnitt beziehen. Im konkreten Fall waren dies die letzten sieben Jahre. Ältere Daten spielten nach Ansicht der Experten keine Rolle mehr, weder für die aktuelle Situation noch für spätere Entwicklungen.

Aus diesen Startinformationen werden zunächst lauffähige Programmmodule erstellt, die allerdings jedes für sich schon sehr umfangreich sind. Das dafür verwendete Datenmaterial der Vergangenheit enthält allerdings lediglich die ältesten ca. 70 % – im hier berichteten Fall die ersten fünf Jahre des Sieben-Jahres-Zeitraums – der vergleichsweise rezente Rest wird für die Validierung des Modells genutzt. Die Module werden den Experten vorgeführt, wobei nicht die Programmierung, sondern das »Verhalten«, das diese Vorstufen der Simulation zeigen, Gegenstand der kritischen Vergleiche und Prüfungen auf Stimmigkeit ist.

Bereits während der Modulanpassung wird das Gesamtsystem probeweise zusammengefügt; ein Prozeß, den man sich nicht als einfache Summierung oder Aneinanderreihung vorstellen darf. Er erfordert im Gegenteil einen ähnlich hohen Konstruktionsaufwand wie der Bau der Einzelteile. Das so gewonnene Modell wird wiederholt analogen kritischen Prüfungen ausgesetzt, wie es zuvor mit den Teilen geschah. Es wird so lange modifiziert, bis die Übereinstimmung mit dem Verhalten der »Prüfstrecke«, also den ersten 70% der bedeutsamen Vergangenheit den späteren Anwendern genügt.

Im vorletzten Entwicklungsschritt wird das bis hierher akzeptierte Modell benutzt, um die noch fehlenden 30%, von denen der Konstrukteur vorher keine Kenntnis hat, im nachhinein zu prognostizieren. Die Güte dieser »Vorhersage« wird an den tatsächlichen Daten, die dem Anwender bereits vorliegen, geprüft. Ergeben sich Mängel, wird der Anpassungsprozeß so lange wiederholt, bis die gewünschte Übereinstimmungs- und damit auch Vorhersagegenauigkeit erreicht ist. Sie ist zwar von dem jeweiligen Realitätsbereich, den es abzubilden gilt, abhängig. Doch bislang lag sie nicht unter 68% und nicht über 83% – in diesem aktuellen Fall wurden 81% als ausreichend angesehen. Für die Begrenzung nach oben in der Nähe von 80% sprechen sowohl Zeit- und Kostengründe als auch prinzipielle Erwägungen. Eine ganz präzise Abbildung kann es schon aus theoretischen Gründen nicht geben: Modelle können bei aller Annäherung an die Realität immer nur Teilmengen derselben sein: sowohl in ihrem Aufbau als auch in ihrem Verhalten.

In der letzten Konstruktionsphase werden die noch fehlenden Daten, jene 30%, die zur Validierung benutzt wurden, eingepaßt. Das Gesamtmodell wird dann durch einen Testlauf oder gegebenenfalls auch mehrere – im hier beschriebenen Konstruktionsprozeß waren drei solche Tests nötig – abschließend von den Experten geprüft und dann zur Anwendung freigegeben.

Für die vollständige Entwicklung muß bei guter Datenlage ein Zeitraum von 12 bis 18 Monaten veranschlagt werden. Denn die zur Konstruktion angebotenen Informationen über die abzubildende Welt weisen nicht selten Lücken und Fehler auf, die durch Unkenntnis oder Fälschung entstehen. Unter solchen Bedingungen sollte man sich anderer Methoden als ausgerechnet der Simulation bedienen.

Mit Nachdruck sei noch einmal auf einen für den Bau dieser Simulationssysteme zentralen Punkt verwiesen: Kriterium für die Gültigkeit ist stets die Realität oder doch zumindest das, was Kenner der Situation dafür halten. Nur in Ausnahmefällen spielen der Konstrukteur und seine Vorstellungen eine bestimmende Rolle, die dann jedoch so weit wie möglich offengelegt und damit einer Kritik zugänglich gemacht wird.

Der Umgang mit Unbestimmtheit und Komplexität

Wie reagieren Menschen auf die Herausforderungen, die unbestimmte und komplexe Situationen an jeden Akteur stellen? Dieser Frage systematisch nachzugehen wird in dem Maße wichtiger, als es schwieriger wird, sich solchen Situationen einfach zu entziehen. Man kann auch nicht darauf vertrauen, daß die ausgewiesenen Experten die Dinge schon zur allgemeinen Zufriedenheit regeln werden. Denn zum einen findet sich jeder, ob er damit einverstanden ist oder nicht, in zunehmendem Umfang von Komplexität umgeben. *(am Rand: Jede Führungs- kraft)* Sie ist bereits eine fast überall spürbare Eigenschaft unserer Welt und wird es zukünftig noch stärker sein, wie im ersten Kapitel beschrieben. Zum anderen steht es mit der Verfügbarkeit einer ausreichenden Zahl von Experten auch nicht zum besten. *(am Rand: ** Berater)* Außerdem: Was müssen diese Fachleute wissen und können, um für die anstehenden Probleme besonders gerüstet zu sein? Wie und wo sollen sie die entsprechenden Fähigkeiten erwerben?

Um sich einer Beantwortung solcher und ähnlicher Fragen wenigstens nähern, sie zumindest präziser formulieren zu können, ist es hilfreich, sich über die charakteristischen Prozesse ein wenig Klarheit zu verschaffen.

Die inzwischen vorliegenden Befunde, für deren psychologische Aspekte vor allem die grundlegenden Arbeiten von Dörner und seiner Forschungsgruppe maßgeblich sind, erlauben immerhin, typische Verhaltensmerkmale im Umgang mit Komplexität, insbesondere auch unter Krisenbedingungen, abzuleiten.

Dies gilt umso mehr, als sich der Daten- und Erfahrungshintergrund mittlerweile neben den Laborergebnissen auf ein umfangreiches Material aus der Praxis ganz unterschiedlicher

Realitätsbereiche bezieht. Dementsprechend wird man den Charakter der hier angebotenen »typischen« Verhaltensformen nur bedingt als hypothetisch einstufen können, beruht er doch auf der Analyse von inzwischen mehr als 7000 Führungskräften aus so unterschiedlichen Berufsfeldern wie Technik, Wirtschaft, Politik, Verwaltung, Bildung und Wissenschaft. Das sind nur einige der wichtigsten Zweige, mit ihren zentralen Schaltstellen wie Produktion, Vertrieb sowie Entwicklung von Produkten, Personal und Organisationen.

Aus solchen Mustern lassen sich schließlich praxisorientierte Konzepte entwickeln, mit denen es möglich ist, der Idee eines neuen Komplexitätsmanagements klare Konturen zu verleihen und zur Realisierung zu verhelfen.

Typische Verhaltensformen, Reaktionsmuster und Fehler

Diese Zusammenfassung einiger vom Menschen beim Planen, Entscheiden und Handeln in komplexen Situationen häufig verwendeten Verhaltensformen, erhebt keinen Anspruch auf Vollständigkeit. Sie scheint uns dennoch die relevanten Reaktionsmuster und Defizite auf diesem Gebiet zu beschreiben. So kann jede einzelne dieser Handlungstendenzen bereits folgenschwere Fehlentwicklungen mit katastrophalen Konsequenzen verursachen. Sie sind in der Praxis unschwer und in großer Zahl zu finden, wobei zusätzlich berücksichtigt werden muß, daß das isolierte Auftreten dieser Verhaltensweisen eher eine Ausnahme ist.

Als Leitlinie für die Darstellung wählen wir eine einfache Handlungssequenz bei der Bearbeitung eines Problems. Sie beginnt mit der Formulierung von Zielvorstellungen, der die Analyse der gegebenen Situation folgt. Auf deren gemeinsamem Hintergrund werden dann Maßnahmen geplant, beschlossen und durchgeführt und deren Effekte schließlich überprüft. Diese Abfolge soll lediglich als roter Faden dienen, sie ist keinesfalls ein zwingender Ablauf für die Problemlösung, die letztlich an jeder der genannten Positionen starten könnte. So wäre es z. B. durchaus denkbar, sich zunächst der Situation zuzuwenden, um aus deren Analyse Zielvorstellungen zu gewinnen.

Abschließend noch zwei kurze methodische Bemerkungen: Wird in den folgenden Darstellungen von bedeutsamen, signifikanten oder überzufälligen Unterschieden oder Zusammenhängen berichtet, so bedeutet dies stets, daß diese Vergleiche einer der jeweiligen Sach- und Datenlage gemäßen statistischen Prüfung unterzogen wurden. Die Effekte sind mit einer Restirrtumswahrscheinlichkeit von maximal 5% nicht durch zufällige Einflüsse zu erklären. Außerdem steht hinter den berichteten Durchschnittswerten in der Regel der Median der zugehörigen Verteilung und nicht das arithmetische Mittel. Der Vorteil dieses Kennwertes liegt u. a. darin, daß er den Wert

der Gesamtverteilung angibt, der diese halbiert, unabhängig
von der Größe der Extremwerte. Somit werden Verzerrungen
durch einzelne Ausreißerwerte vermieden.

Zielbildung

Der Einstieg in eine komplexe Situation, die vom Akteur beurteilt und beeinflußt werden soll, ist zunächst von der Formulierung der eigenen Absichten und Ziele geprägt. Bereits dieser
erste Schritt bereitet in komplexen Situationen Schwierigkeiten. Häufig unterbleibt die Zielbildung ganz, und man stürzt
sich sofort in Aktionen. Oder aber die Absichten werden in
sehr globaler und ungenauer Form abgefaßt. So finden sich in
unseren Unternehmensszenarios regelmäßig Formulierungen
wie: »Die Situation der Mitarbeiter muß verbessert werden!«
Ziele wie diese haben zwar in der Regel den Anschein von Relevanz und lassen sich auch ohne Schwierigkeiten bei Mitak-
teuren durchsetzen. Sie sind jedoch derart unpräzise, daß sich
daraus kaum handlungsrelevante Hinweise ableiten lassen. Die
spätere Überprüfung, inwieweit die gesetzten Ziele erreicht
sind, ist auch nur sehr ungenau, wenn überhaupt möglich.
Nach unseren Befunden erfüllen durchschnittlich nur 28% –
bei geringen Abweichungen – aller überhaupt geäußerten Ziele
das Kriterium, präzise prüfbar zu sein. Nur in diesem Falle ist
so etwas wie ein Grad der Zielerreichung meßbar.
      Das Fehlen genauer und überprüfbarer Absichtsformulie-
rungen ist nur zum Teil auf die Intransparenz komplexer Situationen oder auf schlichtes Vergessen infolge von Informations-
überangebot zurückzuführen. Nicht selten spielt die Angst vor
unabweisbaren Mißerfolgen bei der mangelhaften Zielbildung
eine wichtige Rolle. Je exakter man den angestrebten Ziel-
zustand beschrieben hat, desto deutlicher lassen sich Abweichungen davon feststellen. Ist man sich seiner Sache nicht ganz
sicher – und das gilt in der Regel beim Umgang mit Komplexität – so werden häufig solche harten Überprüfungsmöglich-
keiten der eigenen Leistungsfähigkeit auf dem Umweg über
unscharfe Zielformulierungen vermieden.

Die folgende Abbildung zeigt das Zusammenspiel von Zielformulierungen und -überprüfungen im Laufe der Problembearbeitung anhand empirischer Daten genauer.

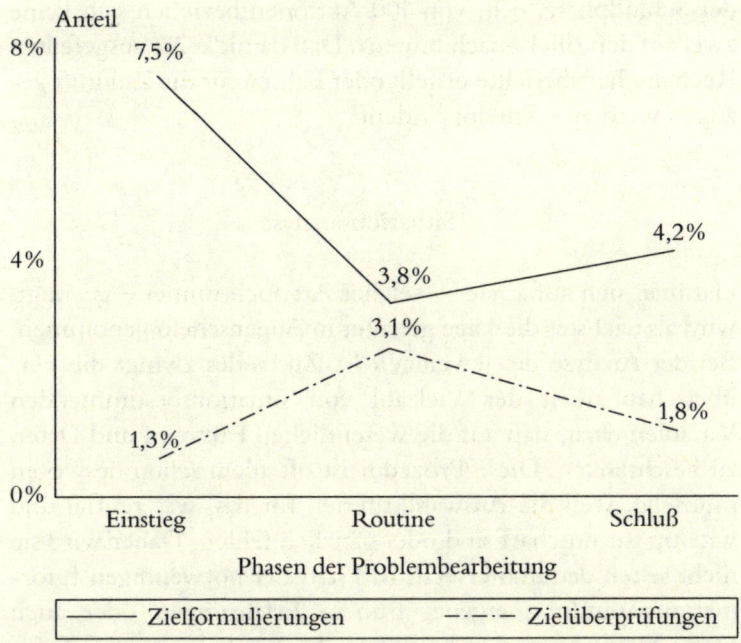

Abbildung 2

Ist der Einstieg noch durch vergleichsweise viele Absichtserklärungen geprägt (ca. 7,5 % der Gesamtaktivitäten), was allerdings an einer Stelle des Neubeginns in der Natur der Sache liegt, so sinkt das Niveau im Verlauf der Auseinandersetzung mit der Problemlage deutlich ab und bleibt bis zum Schluß ungefähr auf gleicher Höhe. Eine Entwicklung, die für sich genommen kaum problematisch zu sein scheint. Interessant wird es erst durch den zeitparallelen Verlauf der zugehörigen Zielüberprüfungen. Daß am Anfang nur wenig Überprüfbares existiert, leuchtet unmittelbar ein, so daß die signifikante Differenz zu den Formulierungen nicht weiter verwundert.

Während der Routinephase finden sich dann etwa ausgeglichene Verhältnisse: Absichten werden gleichermaßen formu-

liert und auf ihr Erreichen hin geprüft. Erst am Schluß zeigt
sich die schon beschriebene Diskrepanz, die fast ausschließlich
durch ein systematisches Absenken der Zielkontrollen hervor-
gerufen wird. Der Endwert liegt bei 1,8 % aller Aktivitäten in
der Schlußphase, d. h. von 100 Aktionen beziehen sich keine
zwei auf den Blick »nach hinten«. Daß damit keine ausgefeilten
Rechenschaftsberichte erstellt oder Lehren für die Zukunft ge-
zogen werden, erscheint evident.

Situationsanalyse

Hat man sich auf Ziele – welcher Art auch immer – geeinigt,
wird als nächstes die Lage genauer in Augenschein genommen.
Bei der Analyse des jeweiligen Ist-Zustandes zwingt die Unüberschaubarkeit der Vielzahl von situationsbestimmenden
Variablen dazu, sich auf die wesentlichen Faktoren und Daten
zu beschränken. Diese Prozedur ist oft allein schon deswegen
mühselig, weil die Auswahlkriterien für das, was zentral und
wichtig ist, unscharf sind oder gänzlich fehlen. Daher wird sie
nicht selten dadurch ersetzt, daß statt der notwendigen Informationssammlung eigene, frühere Erfahrungen oder auch
bloße Meinungen über bestimmte Sachverhalte ungeprüft für
die aktuelle Situation übernommen werden.

Die Bildung von Analogien und die Verwertung von Erfahrungen können durchaus hilfreich sein, doch immer in wech-
selseitiger Verbindung mit den Gegebenheiten der jetzt gelten-
den Realität. Wird diese Verbindung durchtrennt, so gewinnt
das Verfahren zwar eine verführerische Einfachheit und Plau-
sibilität, insbesondere bei komplizierten Problemen, doch handelt sich der Akteur damit auch Fehlermöglichkeiten ein, die
im nachhinein nur schwer auffindbar sind.

Als geradezu klassisches Beispiel für eine solche fast kritik-
lose Übernahme eigener Erfahrungen oder dessen, was dafür
gehalten wird, kann das Thema »Overhead« und »Umfang der
Verwaltung« gelten. In mehr als der Hälfte aller unserer bisherigen Trainings- und Diagnoseeinsätze mit Unternehmens-
simulationen wurde von den Führungsverantwortlichen der

jeweils vorhandene Verwaltungsapparat mehr oder weniger rigoros gleich zu Beginn reduziert, und zwar ohne eine einzige Information zu diesem Bereich vorher eingeholt zu haben. Nun mögen tatsächlich die persönlichen Erfahrungen des Einzelnen dahin gehen, daß in den ihm begegneten Verwaltungen, wie es nicht selten formuliert wird, »immer reichlich Luft« war. Es mag weiterhin auch zutreffen, daß es generell schwierig ist, an die Verwaltungs- und Overheadarbeit harte Effizienzkriterien anzulegen. Doch daraufhin ohne jede Prüfung der aktuellen Verhältnisse diesen Bereich sofort auf bis zu ein Drittel seines ursprünglichen Umfangs zurückzufahren, wird man wohl als vorschnelle Entscheidung werten müssen.

Typischerweise erkennen die so Agierenden dann im Laufe der Zeit zwar, daß es an zahlreichen Stellen des Unternehmens zu spürbaren Reibungsverlusten kommt, doch werden die Ursachen dafür überall, nur nicht in einer völlig überforderten Verwaltung ausgemacht. Selbst auf direkte Hinweise und sachliche Alarmmeldungen aus diesem Sektor wird mit dem Argument, daß man die ewigen Überlastungsklagen aus diesem Bereich hinlänglich kenne, jede Korrektur der ursprünglichen Entscheidung verweigert. Dies geschieht erst, wenn überhaupt, nach sehr lange währenden, schmerzhaften Verlusten und wenn wirklich nahezu alle anderen Maßnahmen, die dem Akteur zu Gebote standen, sich als weitgehend wirkungslos erwiesen haben.

Die Situationsanalysen werden unter Komplexitätsbedingungen jedoch nicht nur eingeschränkt und eng vorgenommen, sondern sie sind häufig auch ausgesprochen stationär. So ist immer wieder zu beobachten, daß bei der Analyse einer gegebenen komplexen und damit in der Regel auch dynamischen Situation nur der momentane Zustand erfaßt wird, Prozesse und Entwicklungen jedoch unberücksichtigt bleiben. Diese Form der Analyse führt zwar gegebenenfalls zu einer richtigen Abbildung des Ist-Zustandes, doch besteht dabei die nicht zu unterschätzende Gefahr einer falschen Bewertung der einzelnen Zustandsgrößen und ihrer Potentiale aufgrund der Eigendynamik komplexer Systeme. Diese »Eigenbewegung« aber erfordert unbedingt, nicht nur die aktuellen Daten und Informationen einzuholen, sondern sich auch über die generellen Trends ein Bild zu verschaffen.

Zur qualifizierten Beurteilung eines Films, um einen schon im Kapitel »Herausforderungen der Komplexität« verwendeten Vergleich noch einmal aufzugreifen, reicht es eben nicht, nur einzelne Standbilder zu betrachten. Mindestens passagenweise sollte man sich Szenenausschnitte ansehen. Wiewohl nicht in Abrede gestellt werden soll, daß es Filme gibt, deren angemessene Beurteilung nach Betrachtung nur weniger Einzelbilder möglich ist. Hier endet die Reichweite der Analogie, allerdings werden derartige Filme kaum für sich in Anspruch nehmen können, als sonderlich komplex zu gelten.

Abgesehen davon, daß solche Trendanalysen zugunsten stationärer Beschreibungen oft vernachlässigt werden – sie machen im Gesamtgeschehen der Akteure durchschnittlich 1,7 %, maximal 5 % aus – zeigt sich in den Fällen, in denen sie durchgeführt werden, ein weiteres typisches Verhaltensmuster.

Linearität

Werden bei der Situationsanalyse Trends und Entwicklungstendenzen abgeschätzt oder berechnet, so findet man in der Regel – das bedeutet empirisch in 86 % aller Fälle – die Annahme linearer Trends, also die geradlinige Verbindung zweier Zustandswerte. Diese Annahme führt immer dann zu schweren Fehleinschätzungen, wenn die tatsächlichen Zusammenhänge nichtlinear, also z. B. exponentieller Natur sind. Diese Eigenschaft besitzen keineswegs vornehmlich nur Realitätsbereiche mit ökologischen Komponenten und deren Wachstums- und Sterbeprozessen; man ist hier lediglich vertrauter damit.

Auch wenn wir uns der Gefahr einer eventuell unzulässigen Verallgemeinerung bewußt sind, so soll doch ein zu diesem Thema bedenkenswerter Befund aus der Entwicklungsarbeit der realitätsabbildenden Simulationssysteme berichtet werden. Ohne es von vornherein darauf angelegt zu haben, möglichst häufig nichtlineare Funktionen zu verwenden, sondern eher im Gegenteil und trotz der erklärten Arbeitsphilosophie, so weit wie irgend möglich mit einfachen Mitteln, auch mathematischen, zu arbeiten, verfügt keines der schließlich von den Praktikern akzeptierten Modelle über mehr als 7% lineare Zusammenhänge. Zwar sind auf kurzen Zeitstrecken nicht selten lineare Annäherungen möglich und ausreichend, doch sowie dieser Horizont nur ein wenig ausgedehnt wird, ist die Erklärungs- und Abbildungsreichweite erschöpft. Vor diesem Hintergrund wagen wir die These, daß auch die uns umgebende Welt, jedenfalls dort, wo sie uns als komplexes Gebilde begegnet, zum weitaus größten Teil nichtlinear ist. So sollte sie auch behandelt werden.

Dabei ist zu berücksichtigen, daß es zur Behebung dieses Mangels nicht damit getan ist, einfach auf den exponentiellen Verlaufscharakter von Entwicklungen hinzuweisen. Denn selbst bei Kenntnis dieser Eigenschaft zeigen sich immer noch krasse Fehleinschätzungen der tatsächlichen Entwicklungstendenzen, die eher auf eine generelle Schwierigkeit beim Umgang mit solchen dynamischen Größen hindeuten.

Die folgenden Abbildungen veranschaulichen das Gesagte.

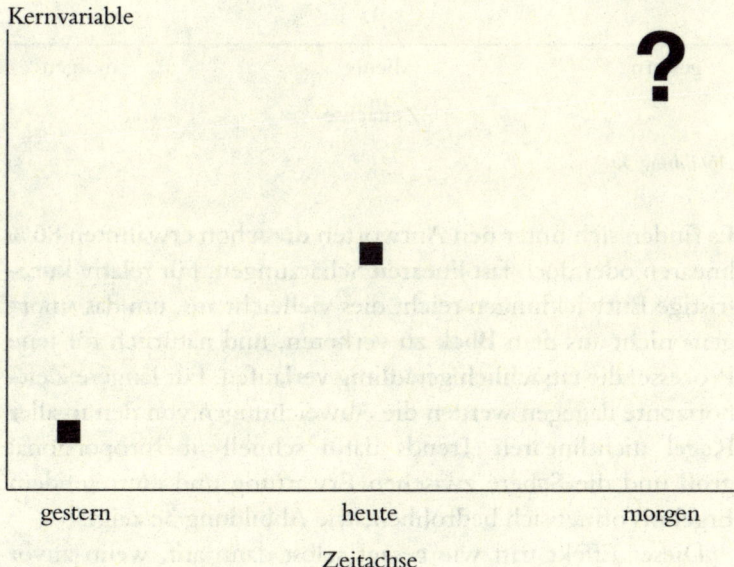

Abbildung 3a

Auf die Frage, wohin die Entwicklung einer für die Situation wichtigen Kernvariablen gehen wird, wenn man ihre Position in der Vergangenheit einerseits und in der Gegenwart andererseits gut ausmachen kann, wenn also aus dem »gestern« und dem »heute« auf das »morgen« geschlossen werden soll, fallen die Antworten zumeist so aus, wie in Abbildung 3b skizziert.

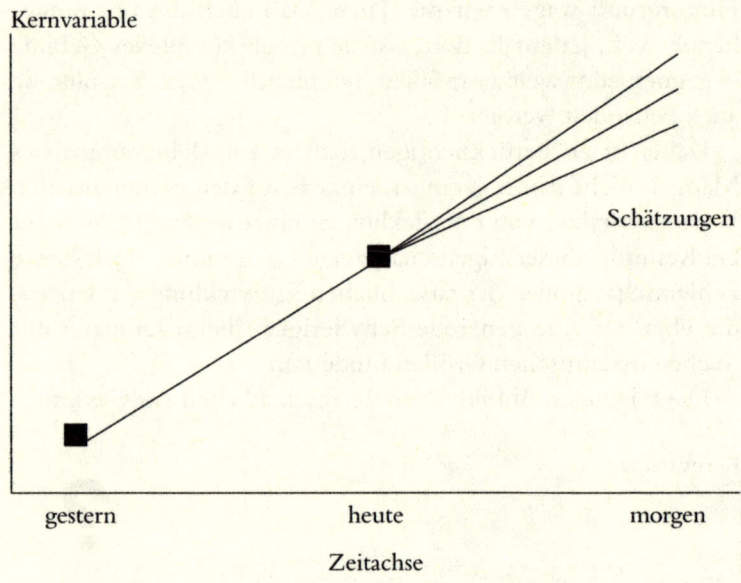

Abbildung 3b

Es finden sich unter den Antworten die schon erwähnten 86% linearen oder doch fast linearen Schätzungen. Für relativ kurzfristige Entwicklungen reicht dies vielleicht aus, um das »morgen« nicht aus dem Blick zu verlieren, und natürlich für jene Prozesse, die tatsächlich geradlinig verlaufen. Für längere Zeithorizonte dagegen werden die Abweichungen von den in aller Regel nichtlinearen Trends dann schnell überproportional groß und die Schere zwischen Erwartung und eintretendem Ergebnis öffnet sich bedrohlich, wie Abbildung 3c zeigt.

Dieser Effekt tritt wie gesagt selbst dann auf, wenn zuvor ausdrücklich auf die Beschleunigung in den Abläufen hingewiesen wird. Auch der mathematische Aufwand, der für eine

Kernvariable

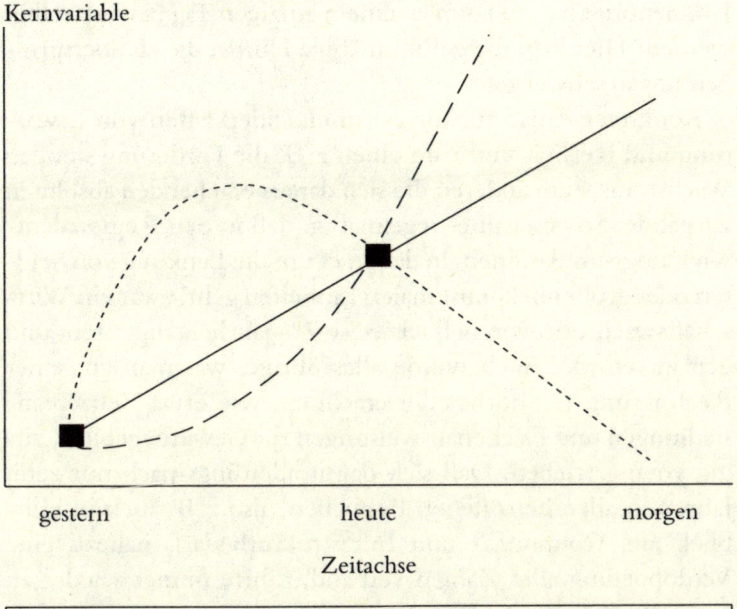

gestern   heute   morgen

Zeitachse

| ——— linear | - - - - positiv beschleunigt | - - - - - negativ beschleunigt |

Abbildung 3c

angemessenere Einschätzung benötigt wird, geht in vielen Fällen über das Niveau der Zinseszinsformel, die wiederum mit jedem einfachen Taschenrechner zu bewältigen ist, nicht hinaus. Die Ursache liegt nicht so sehr in der schwierigen Berechenbarkeit, sondern vielmehr in einem generellen Unvermögen, die Dynamik beschleunigter Prozesse angemessen zu beurteilen.

Ein Bild mag das verdeutlichen: Man steht am Ufer eines großen Sees, auf dessen Oberfläche ein Seerosenblatt schwimmt. Man weiß, die Zahl der Seerosenblätter verdoppelt sich täglich. Nach zwölf Monaten tritt man erneut ans Ufer, um festzustellen, daß der See nun halb mit Blättern bedeckt ist. Daß es jetzt nur noch eines einzigen Tages bedarf, um den See völlig unter Seerosenblättern verschwinden zu lassen, ist rechnerisch keine besondere Herausforderung. Von seiten der Vorstellung sträubt man sich jedoch, dieses enorme Tempo zu akzeptieren. Ein Resultat, das für seine Entstehung ein ganzes

Jahr benötigt hat, soll nun an einem einzigen Tag bewerkstelligt werden? Hier liegt die gefühlsmäßige Hürde, die zu überspringen uns so schwer fällt.

Konkreter Anlaß für dieses Auseinanderklaffen von Erwartung und Realität sind zum einen z. B. die Forderung stetigen Wachstums, zum anderen die sich daraus ergebenden absoluten Zustände. So geschah es regelmäßig, daß in den Regionalentwicklungssimulationen, in denen es um die Lenkung von Städten oder größeren kommunalen Einheiten geht, zwar ein Wirtschaftswachstum von beipielsweise 7% jährlich angestrebt und geplant wurde. Auch wurde alles übrige, was man zu seiner Realisierung für notwendig erachtete, wie etwa Betriebsansiedlungen und Flächenausweisungen für Gewerbegebiete, zügig vorangetrieben. Daß sich damit allerdings nach nur zehn Jahren in allen betroffenen Bereichen, also z. B. auch in Hinblick auf Wohnungs- und Infrastrukturbedarf, nahezu eine Verdoppelung aller Zahlen verband, führte immer wieder zu verblüfftem Staunen. Regelmäßig waren Wohnungs-, Kindergarten- und Verkehrsengpässe die Folge, obwohl ein einfaches Hochrechnen hier möglich und thematisch naheliegend gewesen wäre. Um wieviel schwieriger die Aufgabe wird, wenn bereits die direkte Berechnung ein Problem darstellt, kann man sich unschwer ausmalen.

Zeitverzögerte Wirkungen

Eine zusätzliche und nach den bisherigen Befunden geradezu perfide Schwierigkeit im Umgang mit dynamischen Verläufen ergibt sich aus der »Trägheit« einzelner Variablen, d. h. aus der mehr oder weniger zeitverzögerten Wirkung von Eingriffen in ein komplexes Wirkungsgefüge. Nicht nur die eigenen Daten belegen, daß abhängig vom Verzögerungsgrad der Rückmeldungen über die Auswirkung von Steuerungsmaßnahmen Akteure zunehmend Schwierigkeiten haben, Situationen systematisch und zielgerichtet zu beeinflussen. Selbst einfache Systeme mit nur einer zeitverzögerten Variablen in einen vorgegebenen Sollbereich zu steuern und dort zu halten, fällt außerordentlich schwer, obwohl die Orientierung in zeitlichen Verläufen ein alltägliches Problem darstellt.

Die Hauptursache für diese Verhaltenstendenz liegt in der unmittelbaren, zu frühen kausalen Verknüpfung von eigener Handlung und sichtbarem Effekt. Der Handelnde läßt dabei außer acht, daß die aktuell sichtbaren Wirkungen in diesem Fall auf Ursachen beruhen, die ihrerseits um einiges früher lagen als das gerade ablaufende Geschehen. Der Versuch, aus dieser unangemessenen Zuordnung zu sinnvollen Handlungskonzepten zu kommen, muß auf Dauer notwendigerweise scheitern.

So ergeben sich insbesondere beim Umgang mit nichtlinearen zeitverzögerten Reaktionszusammenhängen nicht selten zwei typische Muster: Zum einen werden Erklärungen für das erlebte oder beobachtete Geschehen aus scheinbar ähnlichen Erfahrungsbeständen abgeleitet, jedoch ohne die behauptete Analogie auch nur ansatzweise zu belegen oder zu prüfen. Oder es werden Erklärungen jenseits jeder überprüfbaren Realität gesucht und formuliert. Allein in den eigenen Untersuchungsergebnissen zu diesem Thema ist der erste Fall mit 42%, der zweite mit 34% vertreten, wobei insgesamt ca. 2600 entsprechende Befragungen in Situationen durchgeführt wurden, in denen zuvor intensiv und praktisch mit zeitverzögerten Wirkungen Erfahrungen gemacht worden waren.

Phänomene dieser Art sind es, die einen außenstehenden Betrachter jene verblüffend schnelle Zuflucht zu schwer nachvollziehbaren Erklärungen erleben läßt. Wer Unvereinbares und Nichtzusammenhängendes um jeden Preis in ein Geflecht von Ursachen und Wirkungen zwingen will, muß notgedrungen zu hochvoraussetzungsreichen und damit sehr unwahrscheinlichen Annahmen greifen, deren Gültigkeit man möglichst nicht weiter hinterfragt. Um der Gefahr einer eventuellen Falsifizierung endgültig zu begegnen, formuliert man am besten von vornherein prinzipiell nicht prüfbare Thesen.

So sind beispielsweise Verschwörungstheorien für diesen Zweck ausgezeichnet geeignet. Die Tatsache eigenen Scheiterns und der Wirkungslosigkeit eigener Versuche, zum Erfolg zu gelangen, wird sofort plausibel, wenn man einen Gegner

vermutet, der perfide die im Grunde richtigen eigenen Vorgehensweisen systematisch hintertreibt und zunichte macht. Dabei zeigt sich das Ausmaß der Macht und Kompetenz dieses
»Feindes« gerade darin, daß man ihn nirgendwo erkennen und
dingfest machen kann. Auf diesem Wege, sozusagen als konse-
quenter Nebeneffekt, stabilisieren sich gerade jene Lösungsansätze, Erklärungen und Vorgehensweisen, deren mangelhafte
Brauchbarkeit sich bereits deutlich erwiesen hat. Denn es gibt
keinen Anlaß, an dem einmal gewählten Vorgehen zu zweifeln,
solange nicht der nur unpräzise beschriebene und in der Regel
nicht existente »Feind«, dessen man aber eben aus diesen Gründen nie habhaft werden kann, ausgeschaltet ist.

Hier wäre es nötig, jene Geduld aufzubringen, die die Festlegung von Ursachen und Wirkungen so lange aufschiebt, bis
ein genügend langer Aktionsablauf vorliegt, der auch rückbe-
zügliche Zuordnungen erlaubt. Statt differenzierter Informationssammlung, die sich zunächst weitgehend jedweder Bewertung und Klassifizierung enthält, lassen sich regelmäßig
schnelle und häufig eben vorschnelle Urteile und Festlegungen
und daraus dann resultierende verfrühte Aktionen feststellen.
Situationen mit zeitverzögerten Komponenten sollten daher,
bevor man in sie eingreift, besser eine zeitlang möglichst wenig
beeinflußt beobachtet werden. Der so gewonnene längere
Zeit- und Erfahrungshorizont ermöglicht eine angemessenere
Verknüpfung von Handlungen und deren erst später eintretenden Wirkungen. Auf den diese Forderungen geradezu konterkarierenden Effekt der hochfrequenten Datenrückmeldungen
dank moderner Informationstechnologie wurde bereits hingewiesen.

Schwerpunktbildung

Die Zentrierung des eigenen Handelns auf die wichtigen Bereiche in komplexen Situationen ist nahezu unabdingbar. Dabei kostet zunächst die Wahl der geeigneten Schwerpunkte bereits einige Mühe. Eine Mühe, der sich nicht selten dadurch
entzogen wird, daß bei auftauchenden Hindernissen das mo-

mentane, unangenehme Arbeitsgebiet zugunsten anderer, erfolgversprechenderer verlassen wird. Diese Bereiche haben dann zwar den Vorteil, daß sich der Akteur gut in ihnen auskennt. Sie sind jedoch von nur marginaler Bedeutung für das Gesamtgeschehen. Dennoch werden sie für außerordentlich bedeutsam gehalten. Solches Vorgehen kann zwar sehr abwechslungsreich sein, führt aber auf die Dauer zur Verzettelung und zu gefährlich ungenauen Vorstellungen über die Sachlage. Dabei gerät das eigentliche Aktionszentrum aus dem Blickfeld und ist damit der Kontrolle entzogen.

So glaubte sich eine Gruppe von Führungskräften eines namhaften Automobilherstellers z. B. dadurch aus einer schwierigen Produktions- und Absatzsituation zu befreien, daß sie für die betroffenen Mitarbeiter ein bis in alle Einzelheiten und Spezialfälle ausgefeiltes Arbeitszeitmodell entwickelte. Diesem Versuch waren zunächst einige halbherzige und letztlich unwirksame Maßnahmen zur direkten Intensivierung von Produktion und Absatz vorangegangen. Deren Scheitern einerseits, das als Beleg für die generelle Unbrauchbarkeit unmittelbarer Eingriffe gewertet wurde, und die Erfahrung andererseits, daß zur gleichen Zeit im eigenen Unternehmen ein differenziertes Arbeitszeitmodell mit großem Erfolg eingeführt worden war, genügten, um sich mit Vehemenz dieses Lösungsversuchs anzunehmen. Zwar kannten sich die Akteure mit den diversen Formen der Arbeitszeitgestaltung und ihren Möglichkeiten aufgrund der erst kurz zurückliegenden eigenen Erfahrungen gut aus, doch über deren Brauchbarkeit zur Behebung von Produktions- und Absatzproblemen lagen außer vagen Vermutungen keine Indizien vor. Nichtsdestoweniger vertiefte man sich intensiv und mit erheblichem Zeitaufwand in die Bearbeitung dieses Konzeptes.

Das Ergebnis war von beeindruckender Genauigkeit – bis zur Erstellung eines exakten Schichtplans für das Betreuungspersonal des firmeneigenen Kindergartens. Die gefundenen Arbeitszeitmodelle stellten sich für die Beseitigung der ursprünglichen und immer noch anstehenden Probleme jedoch als unbedeutsam heraus. Dies wiederum wurde von den Akteuren nicht akzeptiert, denn erstens hatte man zu einem bekanntermaßen wichtigen Bereich sehr gute und ausgearbeitete Konzepte vorgelegt, und zweitens stand für andere, ähnlich differenzierte Vorschläge nun keine ausreichende Zeit mehr zur Verfügung. Nur der Vollständigkeit halber sei noch angefügt, daß sich das ursprüngliche Problem inzwischen um einiges verschärft hatte, da sich niemand um dessen Entwicklung kümmern konnte.

Darüber hinaus zeigt sich häufig die Neigung, an einmal bezogenen Positionen hartnäckig festzuhalten, unabhängig von der tatsächlichen Relevanz der gewählten Schwerpunkte. Gerade in dynamischen Situationen führt diese irreversible Schwerpunktbildung zu folgenschweren Einseitigkeiten und zu unangemessenen Entscheidungen. So dringend die Auswahl gut analysierter Schwerpunkte geboten ist, so muß man sie doch stets auf ihre Gültigkeit prüfen und gegebenenfalls zugunsten anderer, neuer und bislang unbedeutender wieder aufgeben können. Dies gelingt umso schwerer, je brauchbarer und angemessener die einmal ermittelten Kernpunkte waren. Selbstverständlich sollte man nicht ohne Not Bewährtes außer Kraft setzen, nur um innovativ zu erscheinen. Es geht vielmehr darum, im Zuge des Geschehens immer wieder einmal innezuhalten, sich bewußt von den Aktivitäten des aktuellen Geschäfts zu distanzieren. Aus dieser Vogelperspektive können die gewählten Schwerpunkte leichter und umfassender, unter Einbeziehung inzwischen im Umfeld aufgetretener Veränderungen, darauf geprüft werden, ob sie ihre ursprüngliche Bedeutsamkeit noch besitzen oder neu einzustufen und zu ergänzen sind.

Planungsprozesse

Ein ähnlicher Mangel an Flexibilität wie bei der Schwerpunktbildung und beim Schwerpunktwechsel zeigt sich oft bei der Auswahl und Anwendung von Maßnahmen zur Realisierung getroffener Entscheidungen. Einmal entwickelte und für gut befundene Operationsfolgen und Verhaltenskomplexe werden rigide beibehalten und auch bei wiederholten Mißerfolgen nur geringfügig abgewandelt. Dieser Mangel bei der Planung des

Vorgehens führt schließlich zu stereotypen Strategien und Verhaltensmustern, die im Falle positiver Rückkopplungseffekte die Dynamik der zu steuernden Abläufe zusätzlich brisant beschleunigen.

So hielten beispielsweise in einem großangelegten Regionalentwicklungsprojekt die mit der politischen Entscheidungs- und Durchführungsverantwortung betrauten Führungskräfte an einem im nachhinein nur als verantwortungslos zu bezeichnenden Sparkurs fest. Dieser wurde begründet mit zunächst und unmittelbar gewinnbringenden Effekten einer Straffung der Verwaltungsorgane, einer parallel dazu durchgeführten Steuerreform, die es attraktiv machte, Gewinne in der Region zu belassen und neu zu investieren. Ein weiteres Argument war eine verursacherorientierte Umverteilung allgemeiner Kosten bis hin zu einer intensiveren Selbstbeteiligung und -verantwortung durch die Rücknahme pauschaler Subventionen.

Das Konzept erwies sich in zweifacher Hinsicht als zunächst erfolgreich: Sowohl die Finanzlage der betreffenden Kommune als auch das für die Wiederwahl nötige Image der Verantwortlichen erholte sich spürbar; letzteres u. a. aufgrund des hohen Ansehens, das die Tugend des Sparens bei den Wählern ohnehin hat. Auf dieser Basis hätten sich zukunftsweisende, neue Ideen gründen können. Ideen, zu deren Realisierung es jetzt allerdings einer mutigen Investitionsbereitschaft bedurft hätte, die das gewonnene Finanz- wie auch Vertrauenspotential gezielt einsetzt. Stattdessen wurde unter Hinweis auf die bisherige Methode und ihre Erfolge an dem einmal eingeschlagenen Kurs festgehalten und zur Steigerung der positiven Effekte die Sparschraube fester angezogen.

Der daraufhin eintretenden Phase der Stagnation wußte man nur durch eine noch striktere Sparpolitik zu begegnen. Sie hatte sich doch zuvor als so überaus erfolgreich erwiesen. Die schließlich konsequenterweise einsetzende Abwanderung von Wirtschaftsunternehmen und Bevölkerung und die zugleich sinkende Attraktivität für Neuansiedlungen verschärften das Problem innerhalb weniger Jahre. Dem glaubte man nur durch eine noch härtere Sparpolitik gegensteuern zu können. Dies beschleunigte die ohnehin schon kritische Talfahrt der Region, so daß am Ende sogar der ursprünglich noch vorhandene Finanzvorteil für Leistungen dahinschmolz, die zu Beginn so gut wie keine Rolle gespielt hatten.

Die verlorenen Wahlen sorgten am Ende zwar für eine Ablösung der Führungsmannschaft auf der kommunalen Kommandobrücke, doch für die Nachrückenden gab es praktisch keinen Handlungsspielraum mehr. Er war durch das – wider besseren Wissens und trotz zahlreicher, unüberhörbarer Hinweise auf eine dringend nötige Kurskorrektur – rigide Festhalten an einer zeit- und phasenweise durchaus erfolgreichen Strategie vertan worden.

Von – zumindest oberflächlich betrachtet – ganz anderer Natur ist dagegen die ebenfalls häufig beim Umgang mit komplexen eigendynamischen Sachverhalten zu beobachtende Tendenz zu hochfrequentem Verhalten, die sich besonders auf die Planung von Handlungen auswirkt. Sind die Aktionen zunächst noch aktive Gestaltungsversuche, die sich an bestimmten Zielvorstellungen und Konzepten orientieren, so ändert sich dies nicht selten im Laufe der Problementwicklung. Je tiefer in das Netzwerk vielschichtiger und zudem dynamischer Zusammenhänge eingedrungen wird, desto eher wird aus dem aktiven, planvollen Vorgehen ein mehr und mehr passives Reagieren, das nur noch bestrebt ist, auftretende Mißstände möglichst schnell zu beheben. Die gesamte Planung, wenn sie denn diesen Namen überhaupt noch verdient, beschränkt sich zunehmend darauf, Hiobsbotschaften zu erwarten. Auf diese wird mit »Feuerwehreinsätzen« reagiert, um an der bedrohten Stelle kurzfristig für Abhilfe zu sorgen. Die Gefahr liegt dabei nicht in den reaktionsschnellen Antworten auf unterschiedliche Alarmmeldungen. Die können im Einzelfall durchaus angemessen sein. Fatal wird die Entwicklung dadurch, daß diese Blitzaktionen die eigentliche Planung bis zur Unkenntlichkeit verdrängen können.

Die Abbildung der empirischen Befunde zu dieser Frage zeigt deutlich, wie sich in Abhängigkeit von der Schwierigkeit der Problemlage, gemessen an Ausmaß und Veränderungsgeschwindigkeit notwendig zu steuernder Situationskomponenten, der Anteil der Planungsprozesse am gesamten Handlungs-

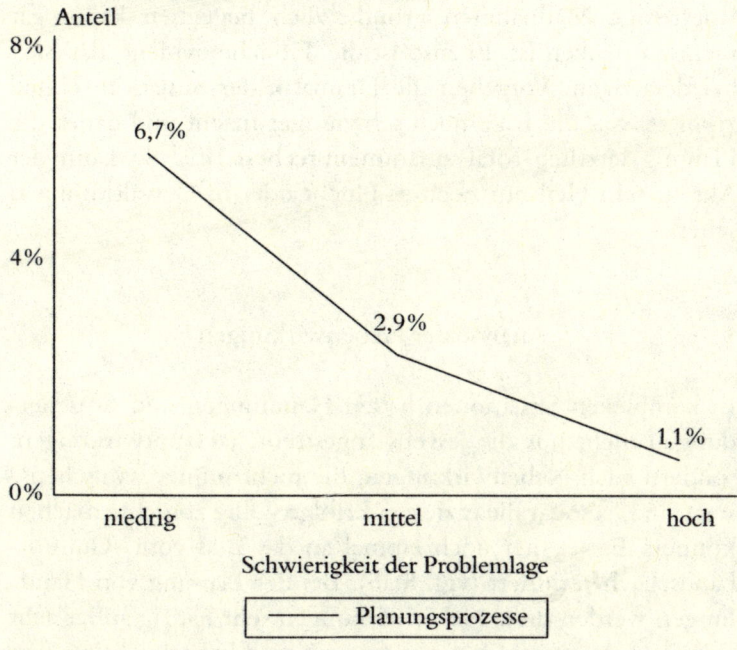

Abbildung 4

ablauf verändert. Liegt der Prozentsatz unter »normalen« und ruhigen Bedingungen, die nichtsdestoweniger komplex im Sinne der oben genannten Kriterien sind, noch bei 6,7% (Median), so sinkt er bereits bei mittlerer Schwierigkeit systematisch auf 2,9%, um schließlich unter hochschwierigen und hochdynamischen Verhältnissen bei 1,1% zu enden. Dabei ist der letzte Abfall hochsignifikant, also in weniger als 1% aller Fälle durch Zufallseinflüsse zu erklären.

Man muß weiterhin berücksichtigen, daß sich unter den ohnehin schon raren Planungssequenzen zum Schluß fast ausschließlich isolierte, auf einzelne Elemente beschränkte befinden. Es existieren so gut wie keine (0,1%) mehr, die sich auf Zusammenhänge innerhalb der Situation beziehen. Damit werden die Gefahren, die in dieser »reaktiven« Planung stecken, klar erkennbar.

Es leuchtet ein, daß hier an eine Beherrschung der Situation, die bedrohliche Entwicklungen voraussieht und ihnen durch langfristige Maßnahmen grundsätzlich begegnen kann, gar nicht zu denken ist. Ebenso ist die Tatsache evident, daß sich bei derartigem Vorgehen die Dramatik der Situation schnell zuspitzt, was die Lage noch schwieriger macht und damit die Planung letztlich total zusammenbrechen läßt. So kann der Akteur sein Heil nur noch in Flucht oder in Gewaltlösungen sehen.

Analyse der Nebenwirkungen

In komplexen Situationen haben Handlungen und Entscheidungen nicht nur die jeweils angestrebten Hauptwirkungen, sondern auch Nebenwirkungen, die nicht immer wünschenswert sind, ja sogar die erzielten Erfolge völlig zunichte machen können. Es sei hier noch einmal an das Bild vom »Gummibandschach« erinnert (vgl. S. 16). Bei der Planung von Handlungen werden diese Nebenwirkungen sehr häufig außer acht gelassen oder zumindest nur ungenügend berücksichtigt. Erst vor dem Hintergrund eigener, bitterer Erfahrungen wächst die Bereitschaft, Vorgehensweisen systematisch auf mögliche Nebeneffekte hin zu analysieren. Es fällt aber auch bei unmittelbarer Konfrontation mit solchen unerwünschten Auswirkungen eigentlich gut gemeinter Aktionen oft schwer, die Verbindung und den Zusammenhang mit den ursprünglich beabsichtigten Effekten zu erkennen.

So versuchte vor einigen Jahren die Geschäftsleitung eines weltweit operierenden Chemieunternehmens, in den »Wildwuchs« an Abteilungs- und Bereichsstrukturen im eigenen Haus und die damit verbundene Vielfalt an Titeln und Bezeichnungen für Funktionsträger Transparenz und Überschaubarkeit zu bringen. Zugleich erwartete man durch die entsprechende Umorganisation eine spürbare Personalkostenreduktion. Man befand, daß eines der wichtigsten Kriterien für die Bedeutsamkeit einer Position im Unternehmen die Führungsspanne, also die Zahl der der jeweiligen Führungskraft unterstellten Mitarbeiter sei. Die Idee war nicht grundsätzlich neu, verfahren doch große Teile des öffentlichen Dienstes nach analogen Vorstellungen, was zunächst als Bestätigung für die Gültigkeit der eigenen Annahmen gewertet wurde. Daraufhin erhielt der Konzern durchgängig eine Fünf-Ebenen-Struktur mit für jede der Ebenen eindeutigen Funktionstiteln. So war bereits an der Visitenkarte bzw. dem Schild an der Bürotür erkennbar, für wieviele Kollegen der Mitarbeiter mindestens und höchstens die Verantwortung trug.

Bereits im Vorfeld der Einführung gab es Kritik von den unterschiedlichsten Argumentationsstandpunkten, die zwar alle zugestanden, daß die angestrebte Vereinfachung wohl erreicht würde, zahlreiche Nebeneffekte den Gesamtnutzen aber stark beeinträchtigten. Unabhängig davon wurde die Neugliederung durch- und umgesetzt.

Schon während der Startphase gab es dann ernste Verstimmungen, sowohl organisatorischer als auch persönlicher Art. Früher in sich geschlossene und selbständige, allerdings kleine Funktionseinheiten waren nun als Unterabteilungen sachfremder Großbereiche für Kunden und Außenstehende kaum noch zu erkennen. Auch motivationale Einbrüche bei einzelnen Führungskräften ließen nicht lange auf sich warten. Da jetzt z. B. der Funktionstitel »Direktor« und die damit verbundenen Privilegien wie etwa ein Dienstwagen der zweithöchsten Konzernebene vorbehalten waren, verloren etliche ehemalige Direktoren kleinerer Einheiten ihren Titel und auch einige ihrer Vorrechte. Nicht nur, daß die Betroffenen in ihrem privaten Umfeld in Begründungsnöte kamen, warum sie denn nun keine Direktoren mehr seien. Auch aus sachlichen Gründen war es beispielsweise dem Leiter des Forschungslabors nicht zu vermitteln, daß er ausschließlich aufgrund des geringen Umfangs seiner Mannschaft um eine Rangebene herabgestuft werden mußte und dabei auch noch seinen Direktorentitel verlor. Besonders in Fällen wie dem angeführten, in denen Verantwortungsträger kurz zuvor noch dafür belohnt worden waren, daß sie mit möglichst geringem Personalaufwand versuchten, hocheffizient zu arbeiten, fand die neue Firmenphilosophie kaum Akzeptanz.

All diese Mißhelligkeiten konnten die Geschäftsleitung nicht zu einer Kurskorrektur bewegen. Alle auftretenden Phänomene wurden letztlich nur unter der einmal gewählten Entscheidungsdimension »vereinfachen und sparen« gesehen. Kündigungen langjähriger und ausgewiesenermaßen kompetenter Mitarbeiter wurden damit abgetan, daß es sich hierbei lediglich um die ewig Gestrigen handele. Diese könnten sich mit Neuerungen eben nicht abfinden und um sie sei es schon deswegen nicht besonders schade. Selbst als sich nach ungefähr 18 Monaten abzuzeichnen begann, daß auch die erhofften Personalkosteneinsparungen nicht nur hinter den Erwartungen zurückblieben, sondern sogar das Gegenteil eintrat, hielt man an der getroffenen Entscheidung eisern fest.

Erst nach über drei Jahren und einer erdrückend negativen Bilanz zwischen den erwarteten Hauptwirkungen einerseits und der Summe der sie konterkarierenden Nebenwirkungen andererseits wurde das Fünf-Ebenen-Modell wieder abgeschafft – zugunsten einer Version übrigens, die dem ehemaligen Zustand ziemlich ähnlich war.

Es ist dringend geraten, bei der Planung von Handlungen und Entscheidungen in komplexen Situationen der Analyse eventueller Nebenwirkungen große Beachtung zu schenken. Zugleich ist generell mit einer sehr stabilen Eindimensionalität menschlichen Planens und Handelns zu rechnen, die sich auch von sogenannten unabweisbaren Tatsachen nicht ohne weiteres irritieren läßt.

Dosierungsprobleme

Aufgrund der Vernetztheit komplexer Sachverhalte ist es aber auch – sozusagen in Umkehrung der eben eingenommenen Blickrichtung – durchaus möglich, daß ein auftretender Mißstand nicht ausschließlich negative Auswirkungen hat. Im Sinne der eben genannten Nebenwirkungen kann er auch seine guten Seiten besitzen. Es ist daher bei der Auswahl von Gegenmitteln eine angemessene Dosierung sinnvoll, die nicht auf eine radikale Beseitigung des Störfaktors zielt, solange die Wirkzusammenhänge nicht vollständig bekannt sind. Ein allzu starkes Eingreifen, ein Überdosieren versetzt einen vernetzten

Realitätsbereich gewissermaßen in Schwingungen, die sich sehr leicht aufschaukeln und zerstörerisch auswirken können. Allgemeingültige Aussagen über die richtige Dosierung von Maßnahmen und Handlungen zu machen, ist kaum möglich. Es ist immerhin gut zu wissen, daß man meist zur Überdosierung neigt, vor allem dann, wenn die Situation sehr schwierig zu werden beginnt.

Die folgende Abbildung zeigt die empirischen Verhältnisse, wie sie bei etwa 5700 Führungskräften in der Praxis zu beobachten waren. In Abhängigkeit von der Schwierigkeit der Problemlage, wiederum gemessen am Ausmaß und der Veränderungsgeschwindigkeit notwendig zu steuernder Systemkomponenten, variiert die Dosierung der getroffenen Maßnahmen hinsichtlich ihrer Drastik.

Als Maß für diese »Drastik« wählten wir den Variabilitätskoeffizienten der »Entscheidungskaliber«, also das Verhältnis von Standardabweichung der Dimensionierung zur mittleren Di-

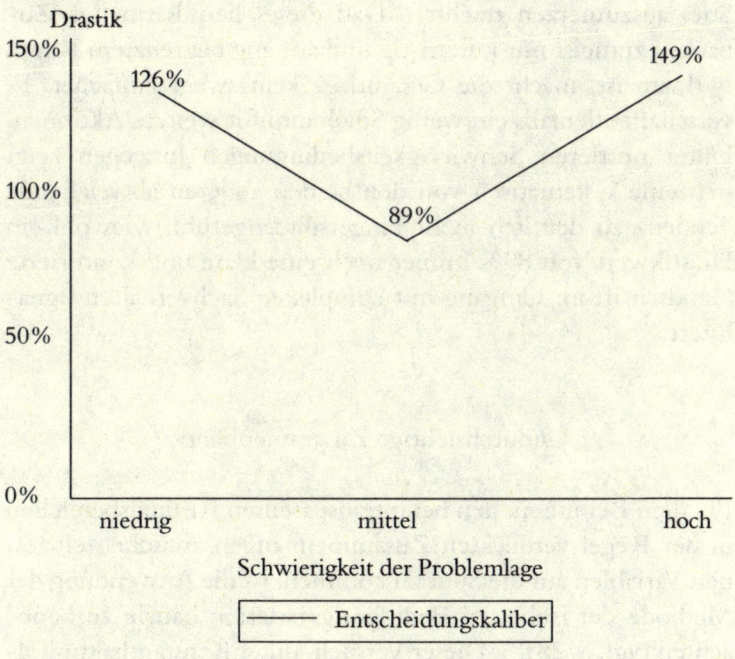

Abbildung 5

mensionierung der Entscheidungen in Prozent. Je größer die
Variation bei der Bemessung des Ausmaßes, mit dem eine Entscheidung durchgeführt werden soll, desto größer wird auch
der Variabilitätskoeffizient. Entspricht die Schwankung der
Dosierungen der durchschnittlichen Dosierung, so liegt der
Drastikwert bei 100%. Abbildung 5 zeigt die Mediane der Variabilitätskoeffizienten.

Sowohl unter ruhigen wie auch unter sehr schwierigen Pro-
blembedingungen neigen die Akteure offensichtlich dazu, ihre
Maßnahmen eher drastischer und »rabiater« zu kalibrieren. Im
ersten Fall (126%) geschieht dies in der Regel mit der Absicht,
der Situation einen deutlichen Impuls zu geben. Aus den Reaktionen darauf sollen Verhaltens- und Entwicklungstendenzen abgelesen werden. Im zweiten Fall (149%) spiegeln sich die
schon beschriebenen Handlungsmuster wider, die mißliebige
Zustände unter schwierigen Bedingungen – womit noch keine
Krisen- oder Katastrophenszenarien gemeint sind – bereits nach
wenigen moderaten Bewältigungsversuchen mit Stumpf und
Stiel auszumerzen trachten. Daß dieses hemdsärmelige Zu-
packen zumeist nur kurzfristig und auf eng begrenztem Raum
wirksam ist, macht die Gesamtlage keineswegs einfacher. Es
verschafft allenfalls ein wenig Spielraum für weitere Aktionen.
Unter mittleren Schwierigkeitsbedingungen hingegen zeigt
sich eine systematisch von den beiden anderen abweichende
Tendenz zu deutlich mehr Fingerspitzengefühl, wiewohl ein
Drastikwert von 89% immer noch eine klare und konturierte
Handschrift im Umgang mit komplexen Sachverhalten signalisiert.

Undurchsichtige Zusammenhänge

Bei dem Bemühen, den bei intransparenten Realitätsbereichen
in der Regel verdeckten Zusammenhängen zwischen einzelnen Variablen auf die Spur zu kommen, ist die Anwendung der
Methode der isolierten Bedingungsvariation häufig zu beobachten (vgl. S. 28 ff.). Dieser Versuch, unter Konstanthaltung aller Größen mit Ausnahme einer einzigen, die dann gezielt ver-

ändert wird, der Gesamtsituation Reaktionen zum Zwecke der Aufklärung von Wirkzusammenhängen zu entlocken, ist bei komplexen Sachverhalten nur äußerst selten erfolgversprechend.

Denn wenn zahlreiche, zugleich eng miteinander verknüpfte und obendrein noch eigendynamische Variablen in einem zu steuernden System wirksam sind, ist ein systematisches Durchprobieren der wesentlichen Kenngrößen zumeist aus Zeit- und Kapazitätsknappheit nicht möglich. Selbst wenn dies einmal doch der Fall sein sollte, bleibt die prinzipielle Unmöglichkeit, das gesamte Variablengefüge bis auf ein Element konstant zu halten. Man kennt normalerweise gar nicht alle wirksamen Systemelemente, und von den bekannten entziehen sich wiederum einige dem direkten Zugriff. Ein an der sichtbaren Oberfläche »ruhiges« System läßt keineswegs immer den Schluß zu, daß sich im Innern ebenfalls nichts verändere.

Unter diesen Bedingungen ist die geeignete Methode, möglichst breitgefächert an die Problemlage heranzugehen und ein nach den jeweiligen Analyse- und Schwerpunktkriterien ausgewähltes Bündel von Variablen gleichzeitig zu manipulieren und die Antworten aus der Realität dann auf dieses mehrdimensionale Eingriffsmuster zu beziehen, eben jene »kombinierte Bedingungsvariation«, von der schon die Rede war. Monokausale Beziehungen sind auf diesem Wege vermutlich nicht zu entdecken; sie sind in komplexen Situationen allerdings auch selten.

Auf diese Weise gelangt man zu einer Differenzierung der Vorstellungen von dem betreffenden Realitätsbereich im Sinne einer unterschiedlichen und angemessenen Gewichtung von Teilgebieten. Darüber hinaus können wesentliche Verbindungen zwischen ganzen Variablengruppen herausgearbeitet werden, über die eine Steuerung des Gesamtgefüges möglich ist. Dennoch wird dieses Verfahren von den Akteuren stets gemieden.

Dagegen ist trotz der genannten technischen Schwierigkeiten, die die isolierte Bedingungsvariation in Hinblick auf komplexe Sachverhalte nach sich zieht und die regelmäßig zu deutlichen Mißerfolgen führt, dieser Ansatz im Problemlöseverhalten sehr häufig zu finden. Zum einen erklärt sich dies aus der üblichen Lerngeschichte des Einzelnen. In den Naturwissenschaften hat diese Methode ihre Meriten, und die Schule vermittelt von diesen Erfahrungen immerhin einen – wenn auch unterschiedlich großen – Teil. Daneben dürfte die mit der gleichzeitigen Variation mehrerer Kenngrößen einhergehende überproportionale Steigerung der Unsicherheit bezüglich der Zuordnung von Ursachen und Wirkungen eine wesentliche Rolle spielen. Im Falle dieser nur scheinbaren isolierten Bedingungsvariation besteht für den Akteur vermeintlich die Möglichkeit einer eindeutigen Zuordnung von Eingriff und Reaktion. Dabei wird zudem vielfach übersehen, daß sich aus der gemeinsamen Variation von Variablen keineswegs unmittelbar ein eindeutiger Schluß auf die Wirkzusammenhänge ziehen läßt.

Dominanz und Gewalt

Will man in komplexen, eigendynamischen Situationen Veränderungen hervorrufen, so ist es generell vorteilhaft, existierende »Strömungen« und Trends für die beabsichtigten Veränderungen mit auszunutzen. Dieses Verhalten setzt neben der Kenntnis der herrschenden Situationsdynamik vor allem die Bereitschaft voraus, sich der Situation gegenüber »einfühlsam« zu zeigen. Es ist leichter und auf die Dauer auch effektvoller, die einer Sachlage innewohnende Eigendynamik für die eigenen Ziele und Zwecke einzusetzen, als dem gesamten Geschehen seinen Willen unmittelbar aufzwingen zu wollen. Das gilt auch, wenn die Ziele dafür zeitweise ein wenig abgewandelt werden müssen.

Beim Umgang mit komplizierten Problemen besteht die Tendenz, sich dominant zu verhalten. Unerwünschte Entwicklungen werden frontal bekämpft, und es wird versucht, das gesamte Geschehen ausschließlich nach den eigenen Prinzipien zu erklären und zu steuern. Diese starre, dominante Haltung stellt nicht nur unter arbeitsökonomischen Gesichtspunkten einen Mangel dar. Sie ist zugleich eine vortreffliche Voraussetzung für das Wirksamwerden weiterer, bereits genannter Fehlverhaltensformen.

Eine dafür typische Situation tritt regelmäßig dann ein, wenn z. B. die Führungsverantwortung für ein Unternehmen oder Projekt in neue Hände gelegt wird. Wird während der Übergabe nicht selten noch lautstark die Fortführung bislang bewährter Vorgehensweisen und Beurteilungskriterien angekündigt, so setzt sich doch bald die Tendenz durch, Entscheidungen des Vorgängers rückgängig zu machen oder zumindest nicht fortzuführen und dafür eigene, völlig neue Wege zu beschreiten.

Es soll nicht bestritten werden, daß, um eine Situation zu verbessern, Änderungen des Bisherigen zuweilen notwendig sind. Doch von vornherein davon auszugehen, daß die Dinge schlecht laufen, nur weil sie nicht von einem selbst gelenkt wurden, ist nicht nur ein Zeichen mangelnder Souveränität, sondern vielfach unökonomisch und verlustreich. Wird der Kurs eines in voller Fahrt befindlichen Schiffs abrupt und deutlich geändert, so geschieht dies nicht auf der Stelle und sofort, sondern durch ein weites Ausholmanöver, bei dem Zeit und Tempo verlorengehen. Sinnvoller wäre es, den bisherigen Kurs zuerst auf Kompatibilität mit den eigenen Reisezielen zu überprüfen und gegebenenfalls diese zu modifizieren, um die vorhandene Dynamik für die eigenen Zwecke weitestgehend auszunutzen. Erst wenn sich herausstellt, daß auf diesem Wege nichts von dem Erwünschten zu erreichen ist, sollte man zu spürbaren Kurskorrekturen greifen. Dazu gehört allerdings die Bereitschaft, andere als die eigenen Lösungsansätze zulassen zu können. Und das erfordert wiederum jene Distanz zum Problem und zu sich selbst, die erst den für erfolgreiches Umgehen mit Komplexität nötigen Überblick schafft.

Eine der folgenschwersten Tendenzen beim Umgang mit Unbestimmtheit und Komplexität ist die Neigung, bei sich häufenden Schwierigkeiten oder bei ständig wiederkehrenden Mißerfolgen, aber auch als eine Reaktion auf vergebliche Dominierungsbemühungen Gewaltmaßnahmen anzuwenden. Entscheidungen und Handlungen dieser Art vernachlässigen nicht nur die momentanen Situationsbedingungen, sie kümmern sich auch bewußt nicht um die Folgen solcher Aktionen, da es nach subjektiver Einschätzung der Lage ohnehin nicht mehr schlimmer werden kann. Das Fatale daran ist die Tatsache, daß nach Verwendung solcher Mittel der Aktionsraum ganz oder teilweise zerstört ist, so daß anschließend endgültig jede Hilfe zu spät kommt.

So greifen die Akteure in den Unternehmensmodellen, in denen ihnen hinsichtlich der Aktionsmöglichkeiten weitgehend freie Hand gelassen wird, immer wieder zu drakonischen Maßnahmen, wenn die Leistungen der Belegschaft nicht den in sie gesetzten Erwartungen entsprechen und sich durch nachdrückliches Er- und Abmahnen auch nicht bessern wollen. Es werden z. B. ganze Berufsgruppen komplett entlassen, nur weil sie nicht jene Problemlösungen anbieten, für die eigentlich die Verantwortlichen selbst sorgen müßten. Die auf solch ein Vorgehen prompt sich einstellenden weiteren Rückschläge können nur schwer erklärt werden, so daß sich als Folge fast unmittelbar Resignation, Fatalismus oder die Vermutung einer großangelegten Verschwörung einstellen. Jedenfalls ist es aus der Sicht des Akteurs sinnlos, selbst noch aktiv zu werden. Der nach Entscheidungen dieses Kalibers verbleibende Handlungsspielraum ist allerdings auch nur noch minimal.

Freilich ist die Toleranzgrenze für das Ertragen von Mißerfolgen individuell verschieden und damit auch kein eindeutiges Kriterium für das Auftreten von gewaltsamen Lösungsversuchen angebbar. Doch macht man sicher keinen großen Fehler, wenn man schon sehr früh mit solchen Neigungen rechnet. Dabei sind die bereits genannten Tendenzen zu Überdosierung, Drastik und Dominanz durchaus als Vorstufen gewaltsamer Lösungsversuche anzusehen.

Insbesondere sollte man sich in diesem Zusammenhang keinen Illusionen über die Wirksamkeit gesellschaftlicher Normen und Wertvorstellungen hingeben. Die Erfahrungen zeigen, daß sich bei entsprechendem Außendruck auch für durchaus brutale und unsoziale Entscheidungen und Handlungen Rechtfertigungen finden lassen.

Erfolgskontrolle

Am Ende einer jeden Handlungssequenz sollte die Kontrolle darüber stehen, wieweit die mit der Handlung angestrebten Ziele erreicht wurden, welche der geplanten Absichten erfüllt wurden und welche auch weiterhin noch und neu zu bewältigen sind. Diese Art des Vorgehens ermöglicht es nicht nur, die Qualität von Maßnahmen zur Erreichung bestimmter Ziele abzuschätzen. So erhält man auch Rückmeldung über die Angemessenheit der eigenen Vorstellungen in Hinsicht auf die wirksamen Variablen und Zusammenhänge in einer komplexen Situation.

Nun hängt die Überprüfung von Maßnahmeneffekten davon ab, wie genau zuvor der angestrebte Soll-Zustand erfaßt und beschrieben wurde. Auch die detaillierte Festlegung von Bewertungskriterien ist hier relevant. Bekanntlich sieht es damit nicht allzu gut aus, erinnert man sich an die Anmerkungen zur mangelhaften Zielbildung am Beginn dieses Kapitels. Doch es ist darüber hinaus bewußt mit einer Vermeidung solcher Kontrollen zu rechnen, selbst wenn die Zielformulierungen sie erlauben würden. Das signifikante Absinken der Zielüberprüfungen von zunächst noch 3,1 % auf 1,8 % am Gesamtgeschehen einerseits und die ebenfalls bedeutsame Differenz von 4,2 % Zielformulierungen zu 1,8 % Überprüfungen am Schluß der Problembearbeitung andererseits (s. o. Abb. 2) belegen dies in eindrucksvoller Weise.

Ursache des Fehlverhaltens ist auch hier in erster Linie die Angst, sich Inkompetenz bescheinigen lassen zu müssen. Die Auswirkungen solchen Mangels liegen auf der Hand: solange die Zustände es erlauben, findet nur eine sehr eingeschränkte Kritik am eigenen Vorgehen statt. Damit bleiben die Chancen für frühe Lernfortschritte, flexible Anpassungen an sich abzeichnende Entwicklungen und die Möglichkeiten rechtzeitiger und umfassender Gegensteuerung ungenutzt.

So typisch und in nicht wenigen Fällen sogar hartnäckig die geschilderten Verhaltensformen für den Umgang mit Komplexität sind, so wenig lassen sie sich auf bestimmte isolierte Persönlichkeitsmerkmale der handelnden Akteure abbilden. Der

Versuch, hier eindeutige Zuordnungen anzugeben, hat bislang keine befriedigenden Ergebnisse erbracht. Auch könnte die Auflistung der Mangelerscheinungen menschlicher Fähigkeiten beim Umgang mit komplexen Situationen trübsinnig stimmen, gäbe es nicht Möglichkeiten, ihnen wirksam zu begegnen.

Bevor wir diese Aspekte eingehender behandeln, sollen zwei Extrempunkte genauer betrachtet werden: Was geschieht unter Katastrophenbedingungen und wie wirken sich, wenn Sachkriterien für die Situationsbeurteilung fehlen oder versagen, übergeordnete Wert- und Normensysteme auf das Management komplexer Sachverhalte aus?

Verhalten unter Krisenbedingungen

In kaum einer Situation werden die Herausforderungen an effektives Komplexitätsmanagement und die damit Betrauten so deutlich wie unter Krisenbedingungen. Ebenso zeigt sich aber auch die Notwendigkeit angemessener Strategien für deren erfolgreiche Bewältigung hier besonders klar. In solchen Situationen treten plötzliche und unerwartet dramatische <u>Veränderungen</u> ein, <u>die sehr schnelles Handeln erfordern</u>. Die Akteure stehen unter starkem Zeitdruck, wobei den einzelnen Entscheidungen aufgrund der beschleunigten Entwicklung der gesamten Lage großes Gewicht zukommt. Ergänzend zu den bereits geschilderten Verhaltenstendenzen lassen sich Reaktionsmuster beschreiben, die für das Verständnis dramatischer Handlungsabläufe hilfreich sind und die vor allem dazu dienen können, Eskalationen und Katastrophen bereits im vorhinein zu verhindern oder doch zumindest ihren möglichen Schaden zu begrenzen. Zumal es einem Irrtum gleichkäme, ginge man davon aus, daß Krisensituationen eine kontinuierlich gesteigerte Form schwieriger komplexer Probleme darstellten. Sie sind von eigener Charakteristik.

Man muß keineswegs auf so drastische Beispiele wie die Katastrophe von Tschernobyl oder den großen Brand in einer Lagerhalle von Sandoz in Basel zurückgreifen, um festzustellen, daß unter Krisenbedingungen die jeweiligen »Operateure« überfordert wirken. Gerade wenn es besonders darauf ankommt, schnell und umsichtig zu handeln, vermißt man häufig angemessenes Krisenmanagement. Es drängt sich sogar der Eindruck auf, als würden unter dramatischen Bedingungen nicht selten Maßnahmen ergriffen, die die Katastrophe ungewollt noch zusätzlich beschleunigen.

Die Analyse von Krisenverhalten unter systematischen Bedingungen bestätigt ganz generell diese Vermutung: Beim Umgang mit kritischen, d. h. mit hochkomplexen, sehr dynamischen und vor allem instabilen Systemen mangelt es nicht nur an geeigneten Strategien, es werden auch regelmäßig Entscheidungen getroffen, die noch »Öl ins Feuer gießen«.

Die Ursachen für solches Verhalten liegen einerseits darin begründet, daß die uns umgebenden Realitätsbereiche, ob nun ökonomischer, technischer, sozialer, politischer oder ökologischer Art, immer unüberschaubarer und vernetzter werden und damit auch in ihren möglichen Reaktionen kaum noch abzuschätzen sind. Dynamische Entwicklungen, zumal wenn mehrere Systeme zusammenwirken, lassen sich auch von Experten allein aufgrund bisheriger Erfahrungen, so wertvoll und nützlich sie im Einzelfall auch sein mögen, und ohne Hilfsmittel aus der Datentechnik nicht mehr ausreichend sicher beurteilen.

Andererseits liegt das beobachtbare Mißverhältnis zwischen komplexen Situationsanforderungen und unangemessenen Handlungsantworten in den Akteuren selbst begründet. Es kann daher nicht genügen, kritische Systeme technisch oder organisatorisch möglichst fehlerfrei und störungsresistent zu machen. Man wird vor allem bei der Konzeption komplizierter und dynamischer Großsysteme den Umgang des Menschen mit diesen Systemen zusätzlich in stärkerem Maße berücksichtigen müssen.

Faktor
Mensch.

Der »Steuermann« lenkt nicht von »außen« oder von »oben«, sondern er steht mitten im Geschehen und ist von den ablaufenden Prozessen unmittelbar betroffen. Die verstärkte Diskussion z. B. um die Mensch-Maschine-Interaktion in allen wichtigen technischen Bereichen trägt dieser Entwicklung bereits Rechnung. Bei der Versicherung von Großrisiken wird seit neuestem ebenfalls versucht, den »anthropogenen Faktor« schon bei der Risikoanalyse neben der Technik systematisch miteinzubeziehen.

Dieser anthropogene Faktor macht sich bereits bei der Nutzung der Datentechnik bemerkbar. Statt die real ablaufenden Prozesse beobachten zu können, muß sich der Akteur in einer Welt von Kennwerten bewegen, die nur vereinfachte, symptomatische und verdichtete Ausschnitte des Geschehens abbildet und damit Spielräume für individuelle Interpretationen der so gespiegelten Lage schafft. Dieser Spielraum, obwohl von seiten der Meßtechnik oder der Datenerhebung offiziell nicht gegeben, trägt besonders unter Krisenbedingungen dazu bei, den Gang der Dinge nach subjektiven Kriterien zu beurteilen.

Das Spektrum der Reaktionen, die man beobachten kann, ist weit gefächert. Es reicht vom schlichten Ignorieren der Alarmmeldung bis zum »Abschalten« der irritierenden und störenden Signale des Alarmgebers.

So zeigte die Analyse der Verläufe schwerwiegender technischer Schadensfälle bei Düsenmaschinen der zivilen Luftfahrt, daß sich weit mehr als die Hälfte der späteren dramatischen Un- und Ausfälle frühzeitig ankündigten. Die entsprechenden Warnsignale wurden allerdings entweder nicht gehört oder abgestellt, da sie zunächst nicht unmittelbar Bedrohliches anzeigten. Die dramatische Weiterentwicklung der bis dahin noch harmlosen Schäden konnte daraufhin unbemerkt geschehen. So ergaben sich schließlich Verluste weit höheren Ausmaßes, als dies bei frühzeitiger Reaktion auf die Fehlermeldung der Fall gewesen wäre. Abläufe dieser Art wurden auch bei der Analyse von Bankzusammenbrüchen festgestellt.

Das im Umgang mit Großsystemen vielfach zu beobachtende Phänomen des »Umschaltens auf Handbetrieb« ist hierfür ebenfalls ein Beispiel. In einer gefährlichen Mischung aus Unterschätzung der aktuellen kritischen Potentiale einer Situation und Überschätzung der eigenen Fähigkeiten, das betreffende System zu beherrschen, werden die Dinge selbst in die Hand genommen und Kontrollinstanzen sowie automatische Steuerungs- und Sicherheitseinrichtungen außer Kraft gesetzt. So übernahm vor einiger Zeit der Kapitän einer Boeing 747 beim Landeanflug auf einen im dichten Nebel liegenden Großflughafen selbst den Steuerknüppel, obwohl ihn der Autopilot sicher auf den Boden gebracht hätte.

Die Folge: Die Maschine schoß über die Bahnmarkierungen hinaus und kam erst wenige Meter vor einem das Flughafengelände begrenzenden meterhohen massiven Hindernis zum Stehen.

Die Ursache: Wie sich bei der späteren Befragung des Kapitäns herausstellte, hatte er zunächst die Nebelmeldung für »etwas übertrieben« und dementsprechend die Automatik für überflüssig gehalten. Als die Sicht dann doch so schlecht wie angekündigt war, wartete er ein wenig länger als sonst mit dem

Aufsetzen. Er glaubte, dies durch verstärkte Bremsmanöver ausgleichen zu können – ein beinahe fataler Irrtum.

Irrtümer dieser Art sind durchaus typisch und treten keineswegs nur bei unwissenden Laien und überfordertem Personal auf. Sie finden sich überzufällig auch bei erfahrenen und verantwortungsbewußten Experten, die aufgrund ihrer bisherigen Leistungen Grund zu hoher Selbsteinschätzung haben. Die tiefere Ursache für dieses im nachhinein häufig grotesk erscheinende Verhalten liegt nach den bisherigen Ergebnissen eigener und anderer Untersuchungen in dem generellen Bedürfnis nach Situationskontrolle, das der Akteur beim Umgang mit kritischen Systemen besonders deutlich empfindet. Glaubt er nun, diese Kontrolle zu verlieren, so müssen gleich zwei Dinge stabilisiert werden: die brisante Situation und das »innere Gleichgewicht« des Akteurs. Unter solchen Bedingungen schafft das unmittelbare Eingreifen in die Situation das jetzt notwendige Gefühl, noch handlungsfähig zu sein und den Lauf der Dinge beeinflussen zu können. Dieses Gefühl der Handlungsmacht ist zur Aufrechterhaltung aktiven Verhaltens nötig. In diesem Sinne erfüllt das »Umschalten auf Handbetrieb« eine wichtige Aufgabe, unabhängig von der Angemessenheit des damit verbundenen Tuns. Selbst Verzweiflungstaten sind immerhin noch Taten.

Damit sind wir beim Kern des Problems. Unabhängig von der mehr oder weniger angemessenen »Lageinterpretation« bei der Steuerung kritischer Systeme, zeigen sich unter eindeutigen Krisenbedingungen, an deren Brisanz keinerlei Zweifel mehr möglich und bei denen der Handlungsdruck unabweisbar ist, regelmäßig wiederkehrende Verhaltensmuster.

Diese typischen Handlungsabläufe kann man immer wieder bei der auf Einzelfällen beruhenden Analyse zahlreicher, gut dokumentierter technischer und nicht-technischer Krisen, Katastrophen und Großunfälle feststellen. Hieraus ergab sich schließlich die Motivation, die Phänomene in systematischer Form zu erforschen, um so ein differenziertes Bild der relevanten Prozesse zu erhalten und nicht auf plausible Analogien und Parallelen angewiesen zu sein. Wir übergaben dazu Akteuren jeweils ein komplexes, dynamisches und vernetztes System, das sich in kritischem und instabilem Zustand befand, zur interaktiven Steuerung und untersuchten die dabei auftretenden Effekte in systematischer Weise. Realisiert wurden die Systeme durch Computersimulationsmodelle unterschiedlicher Thematik, die jedoch alle über die eingangs geschilderten Komplexitätseigenschaften verfügten.

Aufgabe war beispielsweise, dramatische Probleme in einem realitätsnahen Entwicklungsprojekt in der dritten Welt zu lösen, das vor allem in seinen ökologischen und sozialen Bereichen in die Katastrophe trieb. Für andere Akteure wurde das Krisenszenario anhand eines desolaten Großunternehmens, das es in einer tristen Markt- und Konjunkturlage zu sanieren galt, konkretisiert. Wieder anderen übergaben wir die Steuerung einer von schweren Störungen und gefährlichen Funktionsausfällen heimgesuchten simulierten technischen Großanlage.

In allen Fällen waren die auftretenden Krisen und Katastrophen nicht unmittelbar von den Akteuren zu verantworten. Dadurch sollte vermieden werden, daß statt der Krisenbewältigung die Schuldfrage in den Vordergrund rückte. Ausdrücklich waren die Krisenmanager aufgefordert, in eine von ihnen nicht verschuldete dramatische Situation so einzugreifen, daß die unvermeidbar auftretenden Schäden möglichst gering gehalten würden. Die Aufgabe bestand, bildlich gesprochen, darin, ein stürzendes System noch so abzufangen, daß es trotz der beim Sturzflug eintretenden Zerstörungen Überlebenschancen hat und nicht am Boden zerschellt.

Eine Bewertung der Leistungen erfolgte stets vor dem Hintergrund der Entwicklungstendenzen des Gesamtsystems in einem Zeitraum, der um ein Vielfaches länger war als die Zeit der direkten Beeinflussung. Zum einen sollte damit den Akteuren die Chance aber auch die Verantwortung gegeben werden, langfristige Auswirkungen ihres Handeln miteinzubeziehen. Zum anderen sollten Scheinlösungen entlarvt werden, die es nur darauf abgesehen haben, den Schlußpunkt in möglichst strahlendem Licht erscheinen zu lassen, ohne auf die weiteren negativen Folgen zu achten.

Zur Einarbeitung in die jeweils sehr umfangreichen Szenarios wurden zunächst eine ruhige, unkritische Einstiegsphase zugestanden. Dann fand eine katastrophenfreie Routinephase statt, während der ausdrücklich Zeit war, Vorkehrungen zur Stabilisierung der Lage zu treffen. Erst danach setzten die krisenhaften Schicksalsschläge systematisch ein, gefolgt von einer ruhigen Schlußphase, in der keine willkürlichen Krisen mehr induziert wurden. Hier bestand die Möglichkeit, die Trümmer in dem sich langsam verziehenden Pulverdampf ein wenig zu sortieren. Während der Krisenphase, die ungefähr 40% der Simulationszeit in Anspruch nahm, mußte unter erheblichem Zeitdruck gehandelt werden. Auf die drei anderen, vergleichsweise ruhigen Phasen entfielen je etwa 20% der gesamten Simulation.

Die erste Reaktion auf die nach der Routinephase häufig schon ungeduldig erwarteten Krisen besteht in einer Neubesinnung auf den zu steuernden Kurs. Die ursprünglichen Ziele, deren Formulierung von zunächst 7,1% der Gesamtaktivitäten auf ein Routineniveau von 4,2% gesunken war, werden mit einem signifikant gesteigerten Anteil von nun 8,6% ergänzt und neu formuliert. Doch dieser Schwung hält nicht an, wie Abbildung 6 deutlich zeigt. Obwohl kein sachlicher Anlaß gegeben ist, sich nicht mehr um Ziele zu kümmern, weil beispielsweise alles Erstrebte bereits erreicht ist, sinkt dieser Wert in der Schlußphase auf klägliche 1,7%. Das bedeutet, daß in einer Situation, in der nach überstandenen Turbulenzen eine Neuorientierung auf die Zukunft erfolgen müßte, schon aufgrund der inzwischen weitgehend veränderten Rahmenbedingungen, von 100 Aktivitäten keine zwei auf die Formulierung der zukünftigen Handlungsrichtung entfallen. Und dies trotz ausdrücklicher Aufforderung, sich über die weitere Zukunft Gedanken zu machen.

Auch mit der Zielkontrolle steht es nicht zum besten. Erinnert man sich an die Verhältnisse unter »Normalbedingungen« (vgl. S. 45, Abb. 2), unter denen schon der prüfende Blick auf das Erreichte nur schwach ausgeprägt ist, so verschärfen sich unter Krisenbedingungen die Verhältnisse deutlich. Sind in der Routinephase Zielformulierungen und -kontrollen in ihrem Anteil am Geschehen ausgewogen und bis auf zufällige Abweichungen ungefähr gleichstark ausgeprägt, so verringert sich der

Überprüfungsanteil systematisch und drastisch während der Krisen. Er wird sich bis zum Ende nicht mehr erholen.

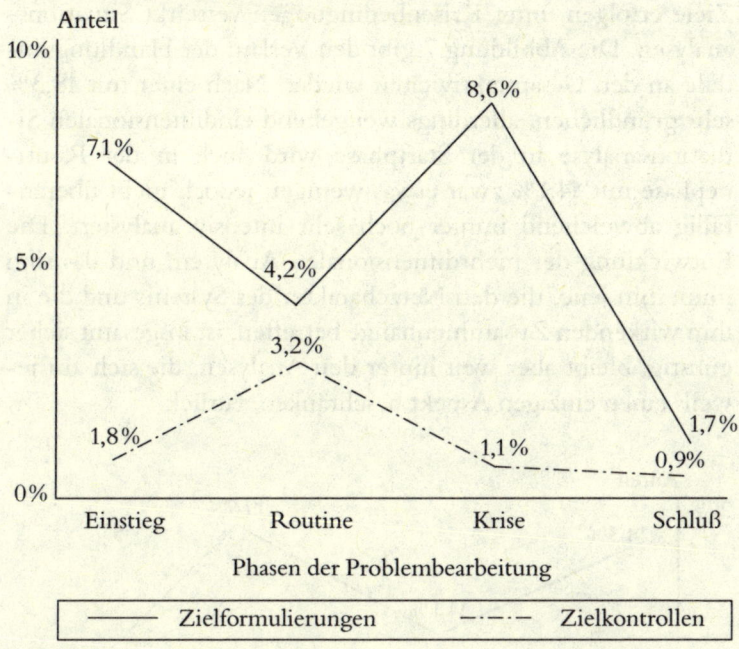

Abbildung 6

Selbst wenn man in Rechnung stellt, daß von den neuen Zielen etliche nicht sofort überprüft werden können, so müßte spätestens in der Schlußphase hier ein Anstieg erfolgen. Das wäre Voraussetzung, um sich über den Erfolg der ergriffenen Maßnahmen zum Krisenmanagement Rechenschaft abzulegen und sie gegebenenfalls korrigieren und modifizieren zu können. Das Gegenteil ist der Fall: Mit Eintritt der Krisen werden die Ergebnisse des eigenen Handelns systematisch weniger daraufhin geprüft, wieweit sie mit den Absichten der Akteure übereinstimmen. Das verbleibende Niveau ist sogar bedeutsam geringer als unter Normalbedingungen. Es liegt die Vermutung eines geradezu bewußten »Wegsehens« nahe. Daß damit die Möglichkeiten, aus Erfolgen und Mißerfolgen in diesen brisanten und schnelle Reaktionen erfordernden Situationen zu lernen, fast ausgeschlossen ist, bedarf keiner weiteren Begründung.

Parallel zu der spürbar intensivierten Neuausrichtung der Ziele erfolgen unter Krisenbedingungen verstärkt Situationsanalysen. Die Abbildung 7 gibt den Verlauf der Handlungsanteile an den Gesamtaktivitäten wieder. Nach einer mit 18,3% sehr gründlichen, allerdings weitgehend eindimensionalen Situationsanalyse in der Startphase wird auch in der Routinephase mit 14,1% zwar etwas weniger, jedoch nicht überzufällig abweichend immer noch sehr intensiv analysiert. Die Entwicklung der mehrdimensionalen Analysen, und das sind immerhin jene, die den Netzcharakter des Systems und die in ihm wirkenden Zusammenhänge betreffen, ist insgesamt sicher günstig, bleibt aber weit hinter den Analysen, die sich auf jeweils einen einzigen Aspekt beschränken, zurück.

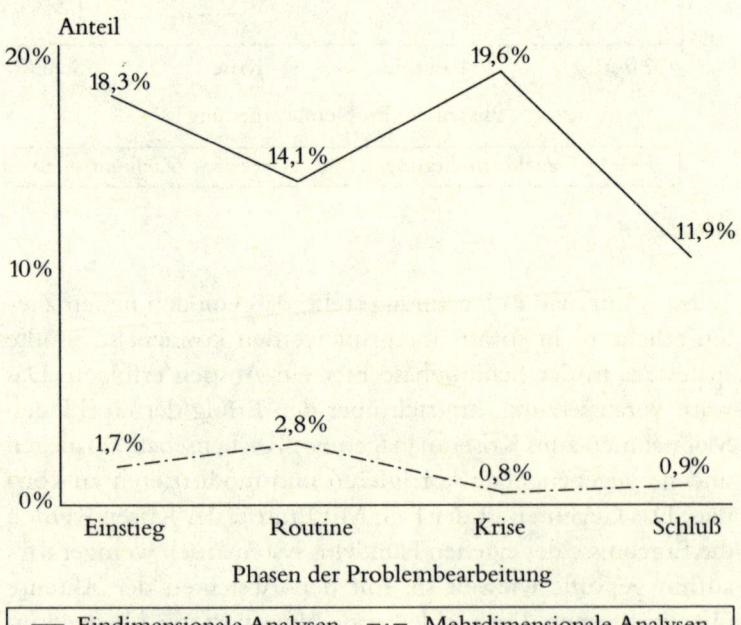

Abbildung 7

Mit Eintritt der Krisen sind zwei bedeutsame »Sprünge« sichtbar. Einerseits eine systematische Zuwendung zu den Details, die teilweise aufs genaueste einer Analyse unterzogen werden. Knapp jede fünfte Aktivität entfällt auf diese Tätigkeit, auch und gerade in der Kommunikation. Das Aufspüren mehrdimensionaler Wirkungszusammenhänge verschwindet dagegen andererseits fast völlig. Auch hier ist der Unterschied zur Vorphase systematisch und überzufällig. Ausgerechnet in einer Situation, in der sich aufgrund dramatischer Veränderungen ganze Systembereiche dem unmittelbaren Zugriff entziehen, konzentriert man sich auf Einzelpositionen. Damit wird der ohnehin nicht besonders ausgeprägte Blick für das Zusammenwirken noch weiter eingeschränkt.

Auch wenn die verstärkte analytische Auseinandersetzung mit der Situation unmittelbar als problemorientierte Reaktion gewertet werden kann, so zeigt spätestens die Prüfung der Inhalte, auf die sich die Analysen beziehen, daß hier eher eine Fluchttendenz vorliegt. Die akribische Beschäftigung mit Einzelaspekten, vor allem solchen, mit denen man sich gut auskennt, liefert nach innen und außen das berechtigte Gefühl, sich mit der Lage kompetent und intensiv auseinanderzusetzen. Daß die damit erzielten Wirkungen zur Behebung oder zumindest Abschwächung der kritischen Entwicklungen kaum einen Beitrag leisten, wird nicht zur Kenntnis genommen. Das kann man an dem fast völligen Verschwinden von Zielkontrollen unschwer ablesen. Sicherheitshalber verbleibt man in jenen »heilen Welten« und gestaltet diese differenziert aus. Hierher gehören Verhaltensweisen, wie sie z. B. bereits zum Thema Schwerpunktbildung angesprochen wurden. Unter Krisenbedingungen ist solch eine Konzentration auf letztlich winzige und unbedeutende Nebenschauplätze des Geschehens besonders unangemessen und für Außenstehende nur schwer begreifbar.

So ist z. B. die Gestaltung eines ausgetüftelten Prämien- und Bonifizierungssystems, das sich zur Vermeidung unfairer Bedingungen für einzelne Mitarbeiter um einen gemeinsamen Maßstab für unterschiedlichste Leistungen bemüht, für sich genommen sicherlich verdienstvoll. Doch wenn eine solche zeitraubende Anstrengung in einer Lage unternommen wird, bei der es darum geht, sehr schnell und gezielt den drohenden Zusammenbruch ganzer Unternehmensteile zu verhindern, wirkt das Vorhaben deplaziert. Hierher gehört auch die aufwendige Anlage von Kleingärten, in denen der Anbau und die Aufzucht neuer Nutzpflanzen erprobt werden soll, wenn zugleich die gesamte Region unter Dürre und Hungersnot leidet und Sach- sowie Zeitressourcen äußerst knapp sind. Dies wurde beispielsweise mehrfach in den Krisenszenarios der Entwicklungsprojekte mit ihren ökologischen Katastrophen versucht.

Analog zu dieser eher thematischen Rückzugstendenz zeigt sich auch bei anstehenden Entscheidungen die deutliche Neigung, sich der Situation zu entziehen. Obwohl doch gerade unter dramatischen Situationsbedingungen der Handlungsbedarf sprunghaft und unübersehbar ansteigt, findet zumindest hinsichtlich der tatsächlich durchgeführten Maßnahmen und Entscheidungen das genaue Gegenteil statt, wie die Abbildung 8 klar erkennen läßt. Nach einer relativ vorsichtigen und zurückhaltenden Einstiegsphase entwickeln sich die Akteure zunächst systematisch zu tatkräftigen Entscheidern, die nahezu alle Absichten realisieren (5,9% Absichten, 5,1% realisierte Entscheidungen). Eine Entwicklung, die durchaus angemessen ist, bedenkt man, daß es hier auch um die Vorbereitung der Situation auf eintretende Turbulenzen, Belastungen und »Unwetter« geht. Doch mit Einbruch der Krisen und »Stürme« ist auf der Kommandobrücke eine erhebliche und bedeutsame Steigerung der Handlungsabsichten bemerkbar, verbunden mit einem dramatischen Abfall der tatsächlich realisierten Maßnahmen: Der Anteil durchgeführter Entscheidungen am Gesamtgeschehen sinkt auf ein Niveau, das noch unter dem der Einstiegsphase, in der man sich mit der Lage erst vertraut machen mußte, liegt. Davon erholt es sich auch in der Schlußsequenz nicht, in der immerhin der Weg für den Wiederaufbau und die weitere Zukunft abgesteckt werden soll.

Auch eine weitere, in diesem Zusammenhang erwartbare Reaktion ist nicht sichtbar: Das geistige »Feuerwerk« neuer Ideen als Antwort auf die den Gang der Dinge sprengenden Ereignisse bleibt aus. Die empirischen Befunde lassen, von ein-

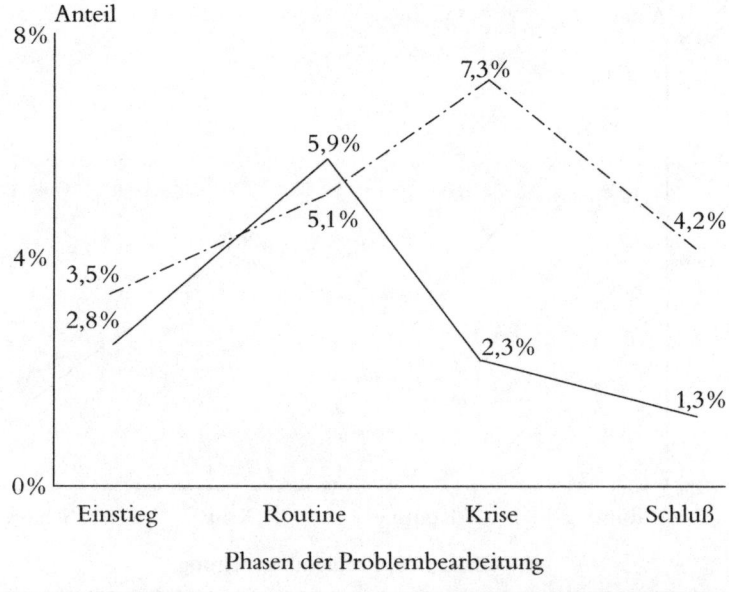

Abbildung 8

zelnen Ausnahmen selbstverständlich abgesehen, nur folgenden Schluß zu: Die bloße Notwendigkeit, bisherige und bewährte Handlungspfade zu verlassen, reicht keineswegs aus, um neue Wege zu finden oder gar zu gehen. Abbildung 9 spiegelt den Verlauf des Anteils innovativer, d. h. im bisherigen Handlungskatalog nicht vorhandener Entscheidungen an der Gesamtmenge aller durchgeführten Maßnahmen wider.

Man erkennt, daß die Akteure beim Einstieg in die komplexe Situation deutlich bereit sind, ihre eigenen Vorstellungen einzubringen und durchzusetzen, allerdings auf einem soliden Fundament bereits bestehender Konzepte. Der Wert von 43% bedeutet, daß von 100 getroffenen Entscheidungen 57 als Fortführung schon vorgefundener Regelungen, Vereinbarungen, Vorstellungen im Sinne einer Beibehaltung existierender Strategien ausfallen, wohingegen die restlichen 43 insofern neu sind, als sie nicht an Bestehendes anknüpfen, sondern vielmehr bislang unbekannte oder doch zumindest nicht begangene Wege betreten.

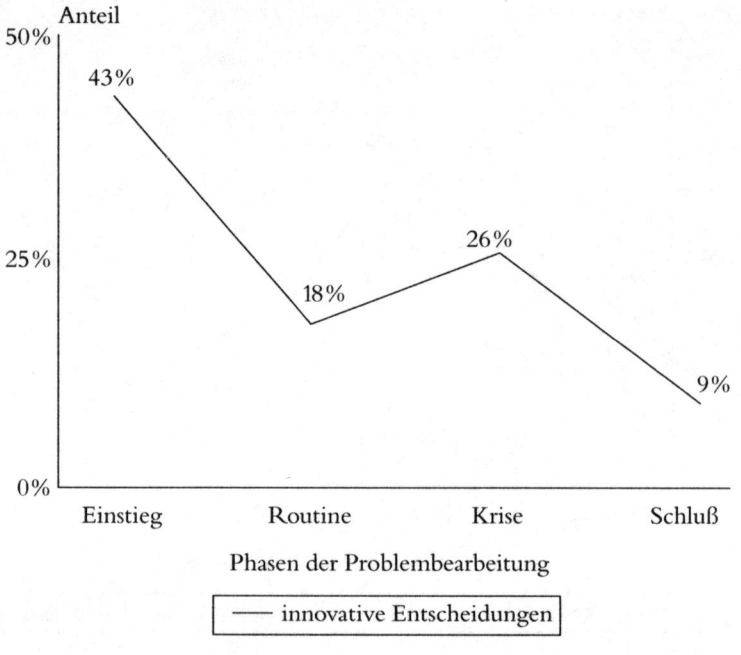

Abbildung 9

Dieser Anteil ist, gemessen an möglichen revolutionären 100%
für den Fall eines totalen Richtungswechsels, der an gar keine
Aspekte der Vergangenheit anschließt, als bedingt konservativ
einzustufen. Die Ursachen dafür liegen zum einen in der Rea-
litätsnähe der verwendeten Modelle, die allesamt vor ihrem
Einsatz von Kennern der entsprechenden Szene auf Übereinstimmung mit den simulierten Welten geprüft wurden. Daher
enthalten sie schon viele vertraute, bewährte und »vernünftige«
Komponenten und Reaktionsmuster. Zum anderen rekrutiert
sich die Klientel der Akteure weitgehend aus jener Gruppe
berufserfahrener Führungskräfte, die Personal-, Finanz- und
Produktverantwortung tragen. Die inhaltlichen Bereiche variieren zwar erheblich. Von der Industrie über den Handel und
Dienstleistungssektor bis hin zur Politik sind die unterschiedlichsten Erfahrungshorizonte vorhanden. Aber alle Akteure befinden sich in einer hierarchischen Position, in der sie bis zu
einem gewissen nichttrivialen Grade die Dinge nach eigenen

Vorstellungen gestalten können. Und da der Einzelne bislang nicht völlig zu Unrecht mit seinen Leistungen wenigstens teilweise einverstanden und zufrieden war, liegt auch hier eine Übereinstimmung mit aus der Praxis bekannten, erprobten und vertrauten Ideen nahe. *biased!*

Dieser Ideenbereich des Bekannten und Bewährten scheint denn auch der Fluchtpunkt zu sein, auf den hin sich die Krisenreaktionen orientieren. Der unmittelbare Anstieg von innovativen Entscheidungen in der Krisenphase auf 26% ist von nur zufälligen Schwankungen gegenüber der Routinesituation nicht zu unterscheiden. Hier ist keine spezifische Antwort auf die neuen Herausforderungen abzulesen. Erst in der sich allmählich wieder beruhigenden Endphase zeigt sich eine signifikante Reaktion, allerdings in Richtung auf ein rigides Festhalten am Bisherigen. Was bleibt, ist ein eher trister Eindruck: Die wenigen Entscheidungen (vgl. Abb. 8), die überhaupt noch getroffen werden, zeichnen sich durch eine weitgehende Wiederholung derjenigen Ideen aus, die sich inzwischen bekanntermaßen als nicht geeignet erwiesen haben, der Krise erfolgreich zu begegnen. Es sind Effekte wie diese, die einen späteren Betrachter so fassungs- und verständnislos vor den Abläufen und Entscheidungen in Krisensituationen stehen lassen.

Somit zeigt sich ein insgesamt erstaunlich einheitliches, von der inhaltlichen Problematik weitgehend unabhängiges Bild: Selbst bei extremem Handlungsbedarf gehen die effektiven »Steuerungsmaßnahmen« rapide zurück. Es herrscht zwar an der Oberfläche betriebsame Hektik, doch wirksam gehandelt wird zunehmend weniger. Den größten Teil der Aktivitäten nehmen heftige und zeitraubende Diskussionen ein, was zu den zeitknappen Handlungsbedingungen in krassem Widerspruch steht. Damit wächst die ohnehin schon aufgrund der Bedrohlichkeit der Lage nicht geringe Ungeduld der Akteure, was zu teilweise massiven Aggressionen führt. Aggressionen, die sich gleichermaßen gegen Teammitglieder wie auch gegen die »Realität« wenden. Denn die wenigen Entscheidungen und Maßnahmen, die wirklich noch in das Geschehen eingreifen und nicht nur einen Schleier von Aktionismus erzeugen, hinter dem sich der akute Handlungsmangel verbergen läßt, zeichnen

sich durch erstaunliche, bis zur Gewalttätigkeit gehende Rigorosität aus.

Auch für den letztgenannten Aspekt lassen sich empirische
Belege von klarer Deutlichkeit finden. In Anlehnung an die
Überlegungen und Ergebnisse zur Dosierungsproblematik
(vgl. S. 63, Abb. 5) wurden die Entscheidungskaliber während
der Krisenszenarios hinsichtlich ihrer Drastik ausgewertet. Abbildung 10 gibt den Verlauf der Dosierungskaliber während der
verschiedenen Phasen der Problembearbeitung wieder.

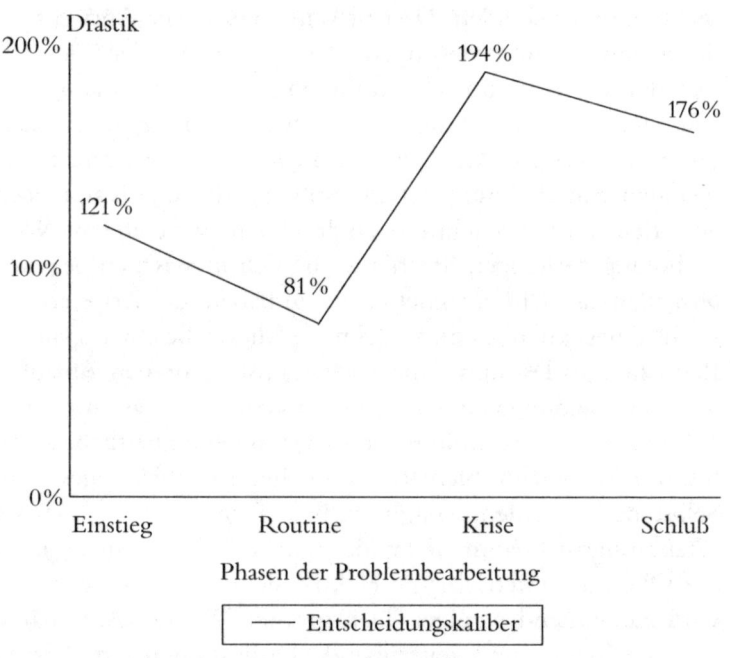

Abbildung 10

In der Einstieg- und Routinephase ist wie während des vergleichsweise ruhigen Komplexitätsmanagements ein relativ
handfester Zugriff erkennbar, der mit zunehmender Einarbeitung in die Lage vorsichtiger wird (81 %). Mit Einbruch der
Krisen ändert sich dies dramatisch: Die Drastik schnellt auf
einen Wert von 194 % und hält sich fast ungebrochen auf diesem Niveau, von einer nur zufälligen und nicht systematischen

Absenkung auf 176% gegen Ende abgesehen. Beide Werte liegen deutlich über jenem (149%) unter zwar schwierigen, aber eben nicht katastrophalen Situationsbedingungen (vgl. S. 63, Abb. 5), so daß sich auch hierin eine spezifische Antwort erkennen läßt. Krisen sind, wie schon gesagt, nicht bloß im Schwierigkeitsgrad gesteigerte komplexe Situationen. Diese Art der Dosierung der Entscheidungen entspricht bildlich einer Fahrweise, die ständig zwischen Vollgas und Totalbremsung wechselt. Daß dabei kein stabiler Kurs zustandekommen kann, sondern vielmehr durchgängig mit Schleuder- und Ausbruchseffekten zu rechnen ist, die die Lage zusätzlich gefährden, wird auch demjenigen nachvollziehbar, der als Fahrzeuglenker selbst nur Schrittempo zu fahren gewohnt ist.

Diese Tendenz zeigt sich beispielsweise in Szenarien, in denen politische Konflikte und Krisen entstehen und militärische Mittel verfügbar sind, sogar bis hin zur direkten und unverhüllten Gewaltanwendung. Ohne daß dazu irgendeine Notwendigkeit besteht, kommt es zu militärischen Auseinandersetzungen, die von vornherein hoffnungslos sind, sowohl hinsichtlich etwaiger Siegchancen als auch bezüglich der anschließenden Befriedung der Situation. Der Griff zum Schwert erfolgt unter diesen Bedingungen blind und ohne Abwägung der Risiken. Das ganze Geschehen gleicht eher einem Himmelfahrtskommando denn einer wohlabgewogenen Aktion. Konsequenterweise fallen die Ergebnisse entsprechend düster aus.

Zu glauben, diese Problematik ließe sich dadurch lösen, daß man statt des Teams einen Einzelnen mit der Aufgabe und der gesamten Entscheidungsmacht betraut, erweist sich unter systematischen Bedingungen als Irrtum. Zwar entfällt unter diesen Umständen das Diskutieren und Streiten um geeignete Handlungsalternativen, doch wird der dadurch gewonnene zeitliche Spielraum nicht genutzt. Er verstreicht sogar dann völlig nutzlos, wenn die Entwicklung der Situation in die kritische Phase gerät. Wir haben in dieser Situation immer wieder einen scheinbar gelähmten, jedoch deswegen nicht unbedingt resignierten Akteur vor uns, der mit sehr wenigen drakonischen Eingriffen versucht, die Lage zu retten. Im übrigen aber läßt er fast tatenlos den Dingen ihren Lauf. Informationen, die zu einer genaueren Einschätzung der aktuellen Gegebenheiten führen könnten, werden ignoriert oder sogar aktiv abgewehrt. Man will unter Krisenbedingungen offenbar vermeiden, mit Informationen konfrontiert zu werden, die den eigenen Vorstellungen zuwiderlaufen und sie stören könnten. Das ist ein Verhalten, das in anderem Zusammenhang mit dem Begriff »Bunkersyndrom« gekennzeichnet wurde.

Die Gruppe kann zwar im Sinne einer gegenseitigen Kritik individuelle Fehler mindern, doch zeigt sich in Katastrophen eher eine gegenteilige Entwicklung: Statt das Gesamtverhalten zu optimieren, werden vor allem die Fehlertendenzen stabilisiert.

Die »Erfolge« solchen Krisenmanagements sind, wie nicht anders zu erwarten und in Übereinstimmung mit den anfangs genannten Erfahrungen aus der Praxis, nur selten befriedigend. Häufig ist es offengestanden günstiger, ein kritisches System unter dramatischen Bedingungen sich selbst zu überlassen, als es der geschilderten Art von Steuerung zu unterziehen.

Stellvertretend seien hier zwei typische Entwicklungsverläufe summarisch dargestellt, um einen Eindruck vom Ausmaß der Wirkungen des geschilderten Krisenverhaltens zu vermitteln. Abbildung 11 zeigt die prozentualen Veränderungen einiger zentraler Variablen jenes Entwicklungsprojekts, das wir den Akteuren mit dem Auftrag übergaben, es für kommende Belastungen vorzubereiten. Dabei sollte das Projekt mit möglichst geringen Verlusten aus der eintretenden Krise herausgeführt werden.

Man erkennt, daß die Zeit der Vorbereitung (Einstieg – Routine) dafür genutzt wurde, ökologisch und ernährungstechnisch wichtige Komponenten wie Nutztiere (+15%), Vegetationsmengen (+28%) und die Wasserreservoirs (+4%) zu steigern. Zugleich wuchs ebenfalls eine so problematische Größe wie die Bevölkerung (+49%). Obwohl ein fast ungebremstes Bevölkerungswachstum von allen Beteiligten als Ursache zukünftiger massiver Schwierigkeiten erkannt wurde, weist ausgerechnet diese Variable nicht nur den steilsten Anstieg auf, sondern gegen deren weitere Dynamisierung wird nicht das Geringste unternommen. Beides ist dabei keineswegs

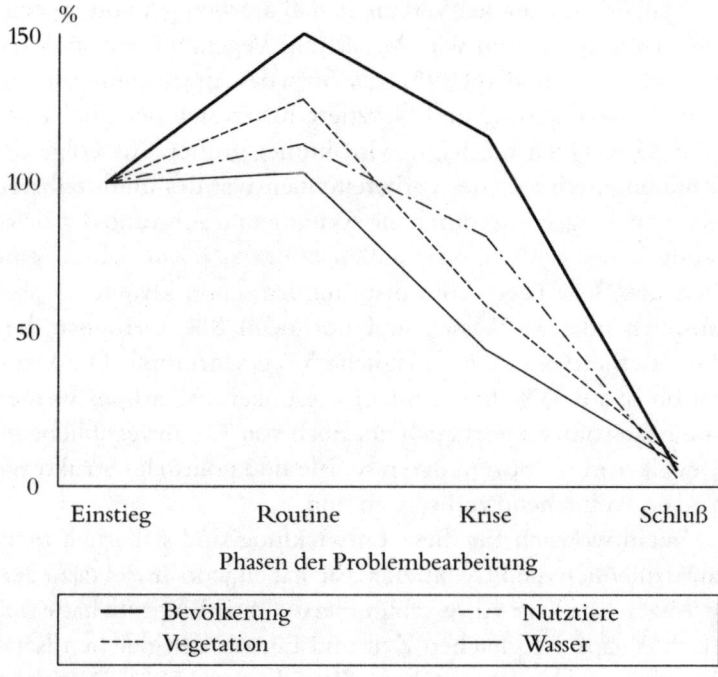

Abbildung 11

zwingend und unausweichlich. Bei Übergabe des Projekts an die neuen Leitungsgremien liegt das Bevölkerungswachstum nahe Null. Methoden und Mittel zur Empfängnisverhütung und Geburtenregelung stehen prinzipiell zur Verfügung, bedürfen allerdings einer langsamen und geduldigen Einführung. Bereits zu diesem Zeitpunkt driften die Entwicklungen der »Verbraucher« einerseits und der »Lieferanten« von Nahrung und Geld andererseits so stark auseinander, daß das gesamte System nur noch durch zusätzliche Investitionen von außen auf dem aktuellen Niveau gehalten werden kann. Der erreichte Lebensstandard ruht nur teilweise auf stabilen und eigenen Fundamenten, der Rest ist Scheinblüte. In diese Situation brechen nun die angekündigten fast »biblischen« Katastrophen herein: Seuchen, Heuschrecken, Dürren, Überfälle unfreundlicher Nachbarn, Mißernten, finanzielle Verluste und soziale Spannungen innerhalb der Bevölkerungsgruppen.

Man erkennt an den Verläufen, daß die weniger vordergründigen Komponenten wie Wasser und Vegetation am stärksten betroffen sind und auf 39% bzw. 56% des Ausgangsniveaus absinken; Bevölkerung und Nutztiere halten sich noch bei 112% und 83%. Doch die Kluft wird immer größer. Als Folge des Zusammenwirkens des vorbereitenden wie des unmittelbaren Krisenmanagements durch die Akteure und aufgrund der Belastungen des Systems von außen ergibt sich am Schluß eine hoffnungslose Lage: Vom ursprünglich schon knappen – aber ausreichenden – Wasser sind nur noch 8% verfügbar. Die Nutztierherden sind auf klägliche 3% geschrumpft. Die Vegetation ist auf 13% ihres Umfangs gesunken. Allerdings werden diese Ressourcen jetzt auch nur noch von 7% übriggebliebener Bevölkerung benötigt, deren soziale und politische Strukturen zudem weitgehend zerbrochen sind.

Verantwortlich für diese Entwicklung sind sicherlich nicht ausschließlich die Projektleiter. Sie haben jedoch viel dazu beigetragen, die Lage zu verschlimmern. Ohne Eingriffe hätte sich nach Ablauf der gleichen Zeit und Eintritt der gleichen Katastrophen folgendes ergeben: Bevölkerung 58%; Nutztiere 60%; Vegetation 89%; Wasser 100%. Bereits nach ungefähr 20 Jahren hätte sich das gesamte System erholt und wäre genauso stabil wie zu Beginn. Um die Eingriffe der Akteure auszugleichen, benötigt das System ca. 85 Jahre.

Als ähnlich durchschlagend, wenn auch an der Oberfläche nicht ganz so spektakulär, erweisen sich die Krisenbewältigungsbemühungen in vertrauteren Szenarien. Abbildung 12 zeigt die analogen Entwicklungen eines mittleren Großunternehmens, das seine Aktivitäten – Entwicklung, Produktion und Vertrieb von Konsumgütern – auf Westeuropa konzentriert und den Akteuren zur Sanierung hinsichtlich aktuell geringer und zukünftig zu erwarteten großen Schwierigkeiten übergeben wurde.

Ohne auf die exakten Werte im einzelnen einzugehen, erkennt man, daß die Vorbereitungsphasen zur Produktions- und Umsatzsteigerung bei sehr vorsichtigem Kapitaleinsatz genutzt wurden. Zukunftsträchtige Investitionen unterbleiben weitgehend und auch der Ausbau der Marktposition ist eher zaghaft. Dementsprechend sind die Umsatz- und Finanzeinbußen als

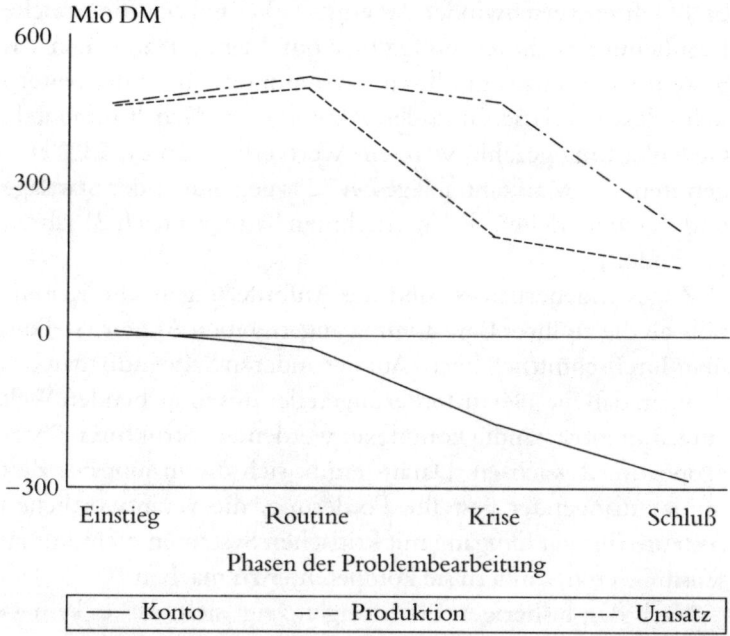

Abbildung 12

Reaktion auf die verschiedenen Krisen (z. B. Konjunktur- und Markteinbrüche, unerwartete Konkurrenz, Ersatzmaterialentwicklungen, Turbulenzen an den Devisenmärkten, Unzufriedenheit und Überlastung beim Personal, unfreundliches politisches Umfeld) sofort schmerzhaft spürbar. Ebenso zeigen die teils drakonischen Abwehrversuche wie Entlassungen in großem Umfang, drastische Erhöhungen von Akkordnormen und Umsatzvorgaben, Industriespionage und Dumping-Angebote ihre unmittelbare Wirkung. Das Auseinanderklaffen von Produktion und Umsatz signalisiert zunächst riesige Lagerbestände. Das bedeutet den letztendlichen Rückzug vom Markt mit deutlich geschwächter Produktions- und Finanzkraft. Der Schlußkontostand weist ein Minus von 288 Mio DM aus.

Am Ende steht das Unternehmen mit einem Verlust von 52% des ursprünglichen Werts da und einem Marktanteil von nur noch ungefähr 40% der Ausgangsposition. Es ist sowohl in technischer wie personeller Hinsicht völlig überaltert. Nach ca. 12 Jahren verschwindet das einst starke und traditionsreiche Familienunternehmen endgültig vom Markt. Hätte man das System dieser Firma mit ihren – systeminternen – Mitarbeitern sich selbst überlassen und den Akteuren ihr Gehalt ohne jede Gegenleistung gezahlt, wäre ein Wertverlust von ca. 23% eingetreten, der Marktanteil läge bei 72% gegenüber der Startlage und das Weiterleben als Unternehmen hätte erst nach 21 Jahren ein Ende.

Zugestandenermaßen sind die Anforderungen, die Krisenfälle an die zu ihrer Bewältigung angetretenen Akteure stellen, überdurchschnittlich hoch. Auf der anderen Seite muß man bedenken, daß die Herausforderungen der uns umgebenden Welt aufgrund ihrer ständig komplexer werdenden Strukturen überproportional wachsen. Daraus ergibt sich die in jüngster Zeit immer dringender gestellte Forderung, die verantwortlichen Akteure für den Umgang mit kritischen Systemen nicht nur zu sensibilisieren, sondern sie kompetenter zu machen.

Nach den bisherigen Erfahrungen zeigt sich, daß es keinesfalls genügt, Einsicht in die Schwierigkeit der Aufgabe zu vermitteln und mögliche Lösungsansätze zu erzeugen. Denn im konkreten Fall ist von diesen Einsichten kaum etwas merkbar: sie mögen theoretisch vorhanden sein, doch das bedeutet noch lange keine praktische Umsetzung. Um diesen Weg zu ebnen und neben begriffliche Einsichten auch Handlungskompetenz zu stellen, ist der aktive Umgang mit kritischen Systemen nötig. Man muß sich selbst in einer Krisensituation erlebt und erfahren haben, um aus den vorhandenen Einsichten praktisches Kapital schlagen zu können.

Wertorientierung in komplexen
Entscheidungssituationen

Individuelle Wertstrukturen dienen dem Einzelnen als Richtschnur für sein Tun und Lassen. Sie sind wegweisend für die Bewertung von Zielen, Handlungen und Situationen. Darüber hinaus werden sie als Begründung für Entscheidungen und Handlungen angeführt und erfüllen nicht nur eine Orientierungsfunktion, sondern besitzen auch Steuerungscharakter. Dabei besteht die deutliche Neigung, sich so zu verhalten, daß man mit seinen eigenen Wertvorstellungen nicht in Konflikt gerät.

Vorhandene Werthierarchien erweisen sich in der Regel als überaus stabil, wenn auch langfristige Umorientierungen und Veränderungen zu beobachten sind. Eine kurzfristige Veränderung von Werthaltungen ist nur dann zu erwarten, wenn bislang weniger wichtige Werte in Konfliktsituationen plötzlich bedroht und damit in den Vordergrund gerückt sind. Aber auch hier gilt das aktuelle Wertmuster als Orientierungsrahmen und Leitlinie für individuelles Handeln.

Insbesondere in Situationen hoher Unsicherheit und Komplexität, in denen eindeutige und einfach vermittelbare Kriterien für die Beurteilung von Entscheidungen, Maßnahmen und Konzepten eher die Ausnahme sind und vielfach im Laufe des Geschehens erst entwickelt werden müssen, könnten ethische Dimensionen die Möglichkeit einer Ordnung »höheren« Grades bieten. Hier könnten sinnvolle Richtlinien für verantwortungsbewußtes Handeln festgemacht werden. Die oft von heftigen Emotionen begleiteten Diskussionen über Notwendigkeit und Vermeidung von Risiken und über deren Vertretbarkeit verweisen in den letzten Jahren regelmäßig darauf. Wenn sich schon nicht auf der Ebene der Sachargumente eindeutig bestimmen läßt, was richtig ist, so sollte man doch stets das tun, was gut ist. Daß es dabei ebenfalls einer differenzierten Analyse und Bewertung bedarf, ist vielfach dargestellt und betont worden. Es sei hier stellvertretend auf die Arbeiten von Schüz, Gerling und Obermeier zum Thema Risiko und Wagnis verwiesen, die sich aufgrund ihrer fundierten und praxisnahen Darstellung ganz besonders empfehlen.

Die Forderung nach intensiver Beschäftigung mit den ethischen Dimensionen heutiger Entscheidungen von Tragweite ist ohne Einschränkung berechtigt und dringend einzulösen. Ob sich aber auf diesem Wege das Entscheidungsdilemma, vor dem wir heute immer wieder stehen, beseitigen läßt, muß bezweifelt werden.

Während unserer Untersuchungen hinsichtlich des Planens und Entscheidens in komplexen Problemsituationen konnten zahlreiche Fälle beobachtet werden, in denen die aktuellen Verhaltensweisen der Akteure den von ihnen geäußerten Absichten und den dahinter stehenden Wertvorstellungen keineswegs zu entsprechen schienen. Gerade in schwierigen Situationen, wenn für das eigene Vorgehen keine klaren Vorgaben vorhanden sind, sollte man erwarten, daß auf die allgemeine persönliche Wertstruktur als Handlungsanleitung zurückgegriffen wird. Das mochte für die Formulierung von Absichten und Zielen auch noch zutreffen, bei der Realisierung derselben tat sich jedoch ein Bruch auf. Es wurde in schwierigen Situationen in zunehmenden Maße etwas anderes beschlossen und ausgeführt, als in den vorherigen Absichten mit entsprechend ethischer Absicherung formuliert wurde.

Für die gezielte Analyse des Zusammenwirkens von Werthaltungen, Handlungsabsichten und effektiven Handlungen wurde methodisch und thematisch derselbe Ansatz wie beim Krisenmanagement gewählt.

Neben dem üblichen Protokoll wurden alle wesentlichen Zustandsdaten des Simulationssystems, ebenso die Daten über Art und Ausmaß der getroffenen Entscheidungen aufgenommen. Dazu kamen die Verhaltensdaten zum Problemlöseverhalten, wozu vor allem Planungs- und Analyseaktivitäten wie Absichtsformulierung und -prüfung, Informationssammlung und -auswertung gehörten. Zusätzlich wurde versucht, die Wertstrukturen der Akteure zu erfassen.

Jeweils zu Beginn und am Ende der Simulationssequenz hatten die Entscheider 35 Wertbegriffe, die in Anlehnung an Rokeachs »terminal values« ausgewählt wurden, hinsichtlich der

Dimension »öffentlich wichtig« und »privat wichtig« in eine 7 mal 7-Felder-Tafel einzuordnen. Jeder einzelne Wertbegriff, der auf einem Kärtchen aufgezeichnet war, konnte in eines der 49 vorgegebenen Felder eingeordnet werden. Das geschah je nach der Bedeutung, die ihm der Befragte im Hinblick auf sein privates Leben und auf das öffentliche Interesse zumaß. Die Einstufung auf den jeweils siebenstufigen Skalen sollte dabei explizit nicht gemäß der Betroffenheit des Einzelnen durch die Folgen von Wertverletzungen erfolgen. Mehrfachbesetzungen einzelner Zellen der Tafel waren erlaubt.

Es zeigte sich, daß regelmäßig mit dem Einsetzen der Krisen jene merkwürdigen Diskrepanzen zwischen wertmäßig abgesicherten Zielen und Absichten einerseits sowie den tatsächlichen Handlungen andererseits gehäuft auftraten.

So mußten es sich z. B. die Projektleiter der Entwicklungsszenarien im Gefolge einer der Krisen gefallen lassen, daß ein Teil des ihnen anvertrauten Territoriums von einem feindlich gesonnenen Nachbarstamm okkupiert wurde. Obwohl es sich um eine durchaus unfreundliche Aktion des Angreifers handelte, entstand dabei doch keinerlei ernsthafter Schaden. Es standen den betroffen Einwohnern in Zukunft lediglich 30 % ihres Landes weniger zur Bewirtschaftung zur Verfügung. Die restlichen 70 % reichten jedoch in allen Fällen noch zu erheblichem Wachstum für Wirtschaft und Bevölkerung, was den Akteuren auch deutlich mitgeteilt wurde. Nichtsdestoweniger befinden sich zum Zeitpunkt dieses markanten Einschnitts alle Projekte bereits in einer relativ unbefriedigenden Gesamtsituation. In keinem Fall ist das Land in einem problemfreien Zustand, weder nach den objektiven Kriterien noch nach eigener Einschätzung der Projektleiter. Der aggressive Akt der Nachbarn verschärft eine ohnehin komplizierte Situation.

Trotz dieser bedrängten Lage ist der Tenor der Handlungsabsichten als Reaktion auf die Okkupation eher besonnen und problemorientiert. So wurde in fast allen Projekten festgestellt, daß man dem Eindringling Verhandlungsbereitschaft signalisieren müsse und unter allen Umständen seine friedlichen Absichten dokumentieren sollte. Mit dem verbleibenden Land sei weiter besonders vorsichtig und ökologisch angemessen umzugehen. Auch für die eigene Bevölkerung müßten Maßnahmen zur Arbeitsentlastung und Stabilisierung der ängstlichen und unsicheren Stimmung ergriffen werden.

Den Grad der Übereinstimmung der in diesem Sinne geäußerten Absichten und Ziele mit den eigenen Wertvorstellungen ließen wir von den Akteuren einschätzen. Dabei ergab sich ein mittlerer Deckungsgrad von 93% (Median) bei einer ganz geringen Schwankungsbreite: Die genannten Absichten waren demnach weitgehend mit den eigenen Wertvorstellungen im Einklang.

Die Maßnahmen, die diesen Absichten folgen und zu ihrer Realisierung ergriffen werden, sind allerdings verblüffend. Mit vergleichbarer Einhelligkeit werden z. B. Entscheidungen zum Ankauf von Waffen und zur militärischen Ausbildung der bis dahin in diesen Fähigkeiten ungeübten Bevölkerung getroffen. Zur Finanzierung dieser Mehrausgaben wird zugleich beschlossen, die Erträge von Land- und Viehwirtschaft deutlich zu steigern, und zwar durch drastisch verstärkten Einsatz von Dünger und Pestiziden sowie mittels einer erhöhten Grundwasserausbeutung. Der Einsatz eines Teils der männlichen Bevölkerung zum Militärdienst und der damit verbundene Arbeitsausfall wird auszugleichen versucht, indem der verbleibende Rest, insbesondere Frauen und Kinder, zu höherer Arbeitsleistung aufgefordert werden. Flankiert wird dieses Vorgehen durch Lebensmittelrationierungen, damit die Verkaufsraten für landwirtschaftliche Güter dem gestiegenen Finanzbedarf besser angeglichen werden können.

Die nebenstehende Abbildung zeigt die Entwicklung der Anteile solcher Widersprüchlichkeiten an den Gesamtentscheidungen über die Phasen der Problembearbeitung.

Die hier ablesbare Reaktion auf die dramatische Situationsveränderung in der Krisenphase deckt sich mit den eingangs erwähnten Eindrücken aus früheren Untersuchungen. In schwierigen und bedrohlichen Situationen wächst die Diskrepanz zwischen formulierten Absichten und tatsächlich ausgeführten Handlungen signifikant. Sind unter vergleichsweise undramatischen Bedingungen nur 17% bzw. 22% (Einstieg – Routine) aller Entscheidungen zu den verfolgten Zielen wi-

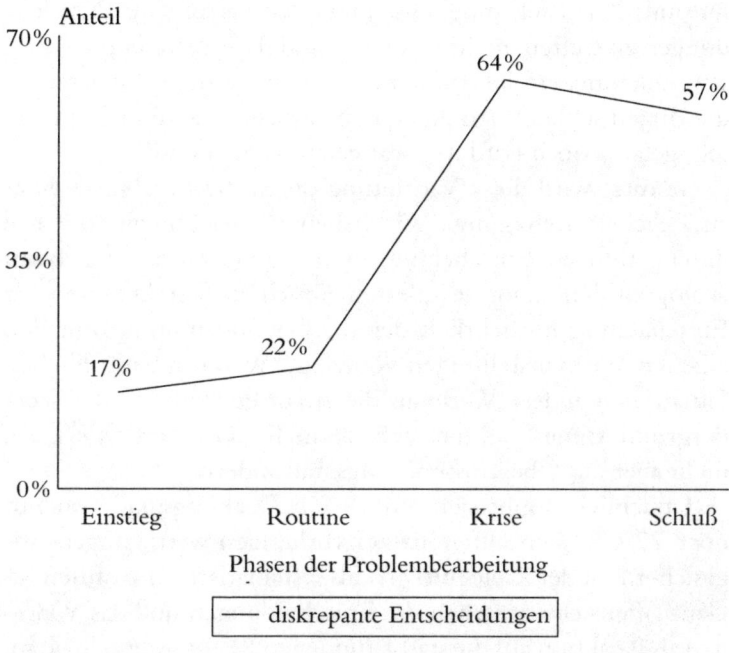

Abbildung 13

dersprüchlich, so steigt in Krisenfällen dieser Anteil überdeut-
lich auf 64% an. Das heißt, daß in Krisensituationen knapp
zwei von drei getroffenen Maßnahmen nicht im Einklang mit
den beabsichtigten Zielen stehen. Diese Lage ändert sich auch
in der Schlußphase nicht, obwohl hier für eine Rückbesinnung
auf die »eigentlichen« Absichten Gelegenheit wäre. Der Anteil
von 57% widersprüchlicher Entscheidungen weicht nur zufällig von dem vorherigen ab.

Als Ursache für dieses wenig wirklichkeitszugewandte Verhalten ist das Vorhandensein von tiefgehenden Zielkonflikten
zu vermuten. Die Vielschichtigkeit komplizierter Zusammenhänge kann gerade unter Krisendruck den Akteur nicht nur zur
Verfolgung einander teilweise widersprechender Ziele, sondern auch zur Zuwiderhandlung gegenüber seinen eigenen
Überzeugungen zwingen. Man sieht sich in eine Situation versetzt, die einen in Hinblick auf die Erreichung der Ziele vermeintlich dazu drängt, wenn nicht gar zwingt, Dinge zu tun,

die mit dem Ziel, möglichst moralisch vertretbare Entscheidungen zu treffen, nicht vereinbar sind. Die Befreiung aus diesem Dilemma erfolgt dadurch, daß man vor dem Widerspruch die Augen schließt. An den guten Absichten wird nicht gerüttelt, getan jedoch wird das, was getan werden muß.

Gestützt wird diese Vermutung durch die Ergebnisse einer zusätzlichen Befragung. Wir haben im nachhinein die real durchgeführten Entscheidungen in entpersonalisierter Form analog zu den zuvor geäußerten Absichten den Akteuren zur Einschätzung hinsichtlich deren Übereinstimmung mit den eigenen Wertvorstellungen vorgelegt. Wenn in bedrohlichen Situationen andere Werte als die zuvor gesetzten in den Vordergrund treten, sollten sich allenfalls die Wertstrukturen, nicht aber der Übereinstimmungsgrad ändern.

Tatsächlich ergibt sich jedoch ein Deckungsgrad von nur noch 22%, dessen Differenz zur vorherigen wertmäßigen Abgesichertheit der Ziele mit 93% als systematisch einzustufen ist. Ganz offensichlich stehen die Entscheidungen und das Vorgehen als Reaktion auf die stattgefundenen Krisen weitgehend im Widerspruch zu den Wertvorstellungen der Akteure. Die Handlungen sind also kaum noch durch Werte gedeckt, so daß in dieser Situation an der Orientierungs- und Steuerungsfunktion der Werte mit Recht gezweifelt werden kann.

Daß diese Diskrepanzerlebnisse unangenehm empfunden werden und die Akteure eine überdeutliche Wahrnehmung derselben vermeiden, legt auch folgender Befund nahe. In Übereinstimmung mit den Ergebnissen zum Verhältnis der formulierten Absichten und Ziele zur Zahl der nach erfolgter Aktion überprüften Absichten im Krisenverhalten (vgl. S. 77, Abb. 6) nimmt die Formulierung von Zielen als Reaktion auf die dramatischen Entwicklungen in der Krisenphase gegenüber der vorherigen Phase signifikant zu. Die Kontrolle dieser Absichten verringert sich jedoch überzufällig.

Offenbar sind die Akteure bestrebt, immer mehr Abstand zwischen der von ihnen geschaffenen Realität und den Konsequenzen ihrer Entscheidungen in der zweiten Hälfte der Problembearbeitung zu halten. Es werden zwar als Antwort auf die neue Lage vermehrt ethisch hochstehende Absichten formuliert. Die Durchsetzungsmethoden lassen es jedoch geraten erscheinen, die erzielten Resultate nicht allzu genau zu analysieren und zu prüfen. Dies gilt im übrigen nicht nur für die als Beispiel angeführten Entwicklungsprojekte, sondern in gleichem Maße für den Umgang mit unternehmerischen oder technischen Realitätsbereichen.

Eine weitere Entscheidungskomponente ist ebenfalls geeignet, dem eigenen Vorgehen gegenüber skeptisch zu werden. Die Dosierung der getroffenen Maßnahmen wird ganz analog zu den Verhältnissen beim Krisenverhalten (vgl. S. 84, Abb. 10) mit Einsetzen der Krisen zunehmend drastischer und »rabiater«. Wurde anfangs versucht, die gesteckten Ziele auf einigermaßen vorsichtigem und moderatem Wege zu ereichen, der das Gesamtsystem möglichst wenig beeinträchtigen, sondern vielmehr stabilisieren sollte, so greift man nun sehr schnell zu Gewaltkuren, von denen auch nicht wieder abgelassen wird. Wurde in den Entwicklungsprojekten z. B. der Einsatz von Pestiziden zunächst in Schritten von einigen Doppelzentnern von Jahr zu Jahr variiert, so werden in der zweiten Hälfte der Projektzeit Großeinsätze mit einigen hundert Tonnen geflogen. Das kontinuierlich erweiterte Netz sozialer Maßnahmen, das zum Ende der Routinephase eine ausreichende medizinische Versorgung und erste Bildungsmaßnahmen für die Bevölkerung gewährleistet, wird anschließend nur noch in dem Maße finanziert, wie es militärpolitischen Überlegungen entspricht. Ähnlich starke Schwankungen finden sich bei den geforderten Arbeitsleistungen und bei der verfügbaren Nahrungsmenge.

Ein in diesem Zusammenhang interessantes und ergänzendes Ergebnis berichtet von Suedfeld. Er analysierte offizielle Mitteilungen höchster Regierungskreise während einer Phase internationaler Spannungen auf ihren Grad an »integrativer Komplexität«. Verlautbarungen mit hohem Komplexitätsgrad enthalten flexible Reaktionen auf Forderungen der Gegenseite, differenzierte Abstufungen von Meinungsunterschieden sowie die Bereitschaft zu Kompromissen und pragmatischen Entscheidungen. Es zeigt sich, daß in Krisenzeiten, die z. B. dem Ausbruch kriegerischer Auseinandersetzungen vorausgehen, die Komplexität in den Verlautbarungen höchster

Entscheidungsträger sehr niedrig ist. In den entsprechenden Schriftstücken und Protokollen, etwa zum Ausbruch des 1. Weltkrieges, des Koreakriegs oder diverser militärischer Aktionen im mittleren Osten, ist eine primitive Informationsverarbeitungsweise erkennbar, die in krassem Gegensatz zur Komplexität der aktuellen Situation und des zu behandelnden Konflikts steht. Reduzierte Informationssuche, starke Vereinfachungen, rigide, unreflektierte Antwortmuster und eine deutliche Neigung zu vorschnellen Entscheidungen von großer Tragweite kennzeichnen in diesen Fällen das Verhalten. Man könnte darin etwa die »verbale« Entsprechung zu unseren Ergebnissen bezüglich der konkreten Handlungen sehen.

Welchen Einfluß haben diese Entwicklungen nun für die Wertorientierung der Akteure? Welcher Wertewandel geht mit den geschilderten Prozessen einher? Bei der Beantwortung dieser Fragen soll auf eine inhaltliche Fixierung der jeweiligen Werte verzichtet werden. Wir beschränken uns auf Eigenschaften des gesamten Wertekonzepts der Akteure.

Vergleicht man den Zusammenhang zwischen persönlicher und für die Öffentlichkeit gültiger Wertordnung entsprechend der beiden Dimensionen des geschilderten Erhebungsverfahrens sowohl zu Beginn als auch am Ende der Simulationssequenz, so zeigt sich bei den Akteuren von vornherein eine klare Differenzierung zwischen privater und öffentlicher Wertstruktur. Sind es zu Beginn noch 40% gemeinsamer Wertstruktur, so sinkt der Wert zum Schluß auf 33%, wobei der Unterschied im Rahmen der Zufallsschwankungen liegt. Das bedeutet konkret, daß zwischen jenen Werten, die man persönlich für mehr oder weniger wichtig hält und jenen, die man allgemein und für die einen umgebende Gesellschaft für relevant erachtet, nur zu einem Drittel Übereinstimmung herrscht. Was den Rest betrifft, variiert die persönliche Relevanz durchaus unabhängig von der allgemeinen.

Es existiert also in jedem Fall eine klare Separierung von privater und öffentlicher Sphäre. Das macht es den Akteuren möglich, ethisch flexibler auf Entscheidungssituationen zu reagieren. Die individuelle Wertstruktur läßt sich unter solchen Umständen leichter gegen Widersprüche abschirmen, und das stabilisiert zumindest das eigene Persönlichkeitsbild. Man ist eben manchmal gezwungen, nach den öffentlichen Kriterien Dinge zu tun, die nach den persönlichen abzulehnen sind. So erhielten wir beispielsweise auf die Frage, wie denn militärische Aufrüstung und im Gefolge sogar der Einmarsch in das Gebiet des aggressiven Nachbarn als Demonstration der geäußerten friedlichen Absichten gewertet werden könnten, die Antwort, daß diese Maßnahmen im Interesse der Landessicherung lägen. Gerade damit werde eine friedliche Zukunft gewährleistet, wobei man persönlich jede Anwendung von Gewalt ablehne.

Parallel hierzu zeigt sich bei den Akteuren auch keine bedeutsame Änderung des Hierarchisierungsgrades ihrer Wertstrukturen. Hohe Hierarchisierungswerte signalisieren eine klare Abfolge der Werte, niedrige dagegen lassen auf ein differenziertes Nebeneinander der Wertbegriffe schließen. Zu Beginn liegt dieser Wert bei 47% des möglichen Maximums, zum Schluß bei 53%. Numerisch findet also eine leichte Straffung der Hierarchie statt, die sich jedoch innerhalb der Zufallsschwankungen bewegt.

Bleibt schließlich noch die Frage nach der Veränderung der Wertemuster in ihrer Abfolge als Reaktion auf die gemachten Erfahrungen. Denkbar wäre eine Umschichtung, so daß zunächst weniger wichtige Aspekte vor dem Hintergrund der Krisenerlebnisse hochgestuft, bislang wichtige Inhalte wegen ihrer erlebten Unwirksamkeit herabgesetzt werden. Das Gegenteil ist der Fall: Die Werteanordnungen nach der privaten Dimension stimmen zu 87% überein, die nach der öffentlichen Dimension zu 85%, womit in beiden Ordnungskategorien zwar leichte, aber keine systematischen Verschiebungen stattfinden.

Die geschilderten Ergebnisse zeigen, daß sich die Wertorientierung menschlichen Handelns in schwierigen und kritischen Situationen allenfalls in Absichtserklärungen bemerkbar macht. In Krisensituationen können Entscheidungen und Verhaltensweisen weitgehend unabhängig von der Wertstruktur der Entscheidungsträger zustande kommen. Die dabei notwendig auftretenden kognitiven und emotionalen Dissonanzen werden oft mit durchaus aggressivem Unterton abgewehrt und verdrängt. Die ehemals handlungsleitende Funktion der persönlichen Wertorientierung geht dabei verloren und wird durch vergleichsweise primitive Maßnahmen zur Aufrechterhaltung der Kontrolle über die Situation ersetzt. Trotz dieser faktischen Instabilität wird die Wertorientiertheit des Handelns als weitgehend ungebrochen erlebt, so daß auch nach solchen Erfahrungen so gut wie keine Änderungen bei den Wertstrukturen feststellbar waren.

Psychische Faktoren:
Hintergründe und Wirkungsweisen

Fragt man nach den Hintergründen der hier angeführten Phänomene, so erfolgt in der Regel der Verweis auf psychische Faktoren. Wem dieses Terrain zu unsicher erscheint, der möchte anstelle dieser menschlichen Komponente die Technik zum Einsatz bringen. Auf diesem Wege soll das Geschehen von den sich immer wieder offenbarenden menschlichen Unzulänglichkeiten befreit werden. Eine durchaus verlockende Vorstellung, die auch konsequent verfolgt wird. Man vervollkommne die Technik soweit, daß sie optimal an die Bedingungen ihrer Anwender angepaßt ist. Schon braucht man sich um all jene Anforderungen und Probleme, die uns momentan so beunruhigen, nicht mehr zu sorgen.

Ein Blick in die Praxis läßt allerdings den unangenehmen Verdacht aufkommen, daß die Technik weniger auf eine Anpassung an menschliche Gegebenheiten angelegt ist. Vielmehr wird versucht, diese weitestgehend von vornherein gar nicht erst ins Spiel kommen zu lassen. Technische Systeme werden zunehmend so ausgelegt, daß sie möglichst unabhängig vom Eingreifen der Operateure funktionieren. Womit sich schließlich der beispielsweise allen Sicherheitstechnikern vertraute Wettlauf zwischen Hase und Igel fortsetzt: Auf der einen Seite die Ingenieure, die immer bessere und schwerer zu umgehende Sicherungen einbauen, auf der anderen Seite die erfahrenen Anwender, denen es stets gelingt, diese für sie hinderlichen und subjektiv überflüssigen Barrieren auf phantasievolle Weise zu überwinden und außer Kraft zu setzen.

Unabhängig davon, ob und wie dieser Wettlauf je beendet werden wird und auch eingedenk des Umstands, daß schlichte Ignoranz oder auch einfach der berüchtigte »dumme Zufall« immer weiter existieren werden, ist ein Blick auf die psychischen Hintergründe beim Umgang mit Komplexität sicherlich sinnvoll.

Die Bemühungen um dieses Thema seitens der Wissenschaft haben eine lange Tradition. Insbesondere die Denkforschung versucht seit Jahrzehnten, »Licht« in die hier relevanten Prozesse und Zusammenhänge zu bringen. Daß der aktuelle Kenntnisstand dennoch eher durch offene Fragen als durch klare Antworten charakterisiert werden muß, liegt zum einen an der Komplexität des Gegenstands, andererseits an den nicht zu unterschätzenden methodischen Problemen. Will man das Thema empirisch angehen, türmen sich diese entmutigend auf.

Daher werden die folgenden Ausführungen als die Momentaufnahme eines Prozesses zu verstehen sein, der keineswegs als abgeschlossen betrachtet werden kann. Es sind Vorschläge und Angebote zum besseren Verständnis dessen, was beim Komplexitätsmanagement geschieht – in der Regel empirisch abgesichert, nichtsdestoweniger immer noch bis zu einem gewissen Grade hypothetisch. Für die inzwischen falsifizierten Annahmen gelten allerdings härtere Bedingungen. Deren Konstrukte sind entweder grundlegend abzuwandeln und zu ergänzen, oder aber sie sind fallenzulassen.

Persönlichkeitsmerkmale und -eigenschaften

Der Versuch, menschliches Verhalten auf einzelne Merkmale oder Eigenschaften von Einzelpersonen oder auch ganzer Gruppen zurückzuführen, hat eine lange Tradition. Dabei ist der Ort, an dem sich diese Merkmale manifestieren, keineswegs immer im Individuum selbst angesiedelt. So bezieht etwa die Astrologie ihre Kriterien aus der Konstellation der Gestirne. Zumeist wird jedoch beim Einzelnen selbst versucht, jene Quelle auszumachen, aus der sich die Vielfalt des an der Oberfläche sichtbaren Geschehens speist. Sie dient als Erklärung für vergangenes und zukünftiges Verhalten. Reichen isolierte Merkmale nicht aus, so lassen sich diese auch zu Typen bündeln. Wenigstens aus der Gleichzeitigkeit des Vorhandenseins dieser Elemente kann auf Reaktions- und Verhaltensweisen geschlossen werden.

All diese Ansätze, denen ihre praktische Bedeutung dort, wo sie sie entfalten, nicht von vornherein abgesprochen werden kann, gehen von relativ statischen Verhältnissen aus. Jemand hat eine bestimmte Eigenschaft oder ein erkennbares Merkmal und hieraus lassen sich entsprechende Phänomene der Vergangenheit, Gegenwart oder Zukunft ableiten. Die Merkmale ihrerseits müssen zwar nicht unveränderbar sein, doch vollzieht sich ihr Wandel eher allmählich, z. B. im Rahmen einer längeren Lerngeschichte. Und selbst dort, wo er plötzlich auftritt, etwa bei sogenannten »Aha-Erlebnissen« stellt sich anschließend wieder jene Konstanz ein, die für Prognosen als notwendige Voraussetzung angesehen wird.

Will man die Qualität eines einzelnen beim Komplexitätsmanagement anhand möglichst einfacher und schnell erkennbarer Merkmale bestimmen, wird der Nutzen dieses Ansatzes sofort deutlich. Man wählt nach dem entsprechenden Kriterium die Richtigen aus und vermeidet damit den größten Teil der in den vorangegangenen Kapiteln geschilderten Problemeffekte. Gerade weil die genannten Verhaltensformen für den Umgang mit Komplexität so typisch sind, müßten sich hier einigermaßen klare Zuordnungen treffen lassen. Dementsprechend groß ist die Zahl der Bemühungen – eigener wie auch die von anderen –, solche Zusammenhänge aufzudecken.

Doch so typisch diese Verhaltensmuster auch sein mögen, so wenig lassen sie sich auf bestimmte isolierte Persönlichkeitsmerkmale der handelnden Akteure abbilden. Der Versuch, hier eindeutige Zuordnungen anzugeben, hat bislang keine befriedigenden Ergebnisse erbracht. Weder lassen sich aus der Kreativität, dem Neurotizismus, der Rigidität, der Extraversion, dem Machiavellismus, der Selbstsicherheit, der Leistungsorientierung, den Kontrollüberzeugungen, der Emotionalität, der Motivation noch aus allen weiteren Merkmalen der etablierten Testinventare eindeutige Rückschlüsse auf die Leistungen im Umgang mit Komplexität ableiten. Wohlgemerkt, diese Aussage bezieht sich auf die genannten Merkmale, soweit sie mit den zur Verfügung stehenden Meßinstrumenten erfaßt werden.

Methodisch bedeutet dies, daß für jedes der untersuchten Merkmale die Korrelation mit den Leistungen bei der Bewältigung komplexer Probleme in jeweils mehreren Fällen nicht signifikant war, d. h. sich von zufälligen Zusammenhängen nicht unterscheiden ließ. Zwar ergaben sich gelegentlich Einzelzusammenhänge, die sich statistisch sichern ließen, doch schon beim nächsten Einsatz konnten sie nicht wiederholt werden.

Selbst die mittels herkömmlicher Testverfahren erhobenen Intelligenztestwerte korrelieren in sehr geringem Maße mit den strategischen Leistungen bei der Lösung komplexer Probleme. Eine praxisrelevante Prognose z. B. für die Auswahl geeigneter Projektmanager und Führungskräfte aufgrund ihres IQ ist somit nicht möglich. Und mindestens bei der Intelligenz hätte man eine systematische Abhängigkeit erwarten dürfen.

Aber alle hierzu in der Praxis erhobenen Korrelationen innerhalb eigener Untersuchungen liegen bislang unter einem Wert von 0,22. Das bedeutet, daß – soweit mit den klassischen Korrelationsverfahren erfaßbar – keine 5 % der Leistungsunterschiede zwischen guten, mittleren und schlechten Akteuren auf Unterschiede im Intelligenztestergebnis zurückzuführen sind. Eine Größenordnung, die sich auch in anderen themenverwandten Forschungsarbeiten findet.

Die auf diesem Wege ermittelten Ausprägungen der individuellen Intelligenz sind im Zusammenhang mit der Bearbeitung und Bewältigung komplexer Situationen zwar notwendige, jedoch noch keine hinreichenden Merkmale für die Erklärung des Handlungsgeschehens. Die Testergebnisse beantworten in erster Linie die Frage nach der Ausstattung individuell vorhandener »Denkwerkzeuge«. Sie geben jedoch keine Auskunft darüber, wie mit diesen »Werkzeugen« im Ernstfall umgegangen wird, wie sie zu Strategien organisiert werden. Somit liegt zumindest kein Widerspruch in diesen Ergebnissen, auch wenn sie für die direkte Diagnostik enttäuschend sind.

Stark zugenommen haben in den letzten Jahren Theorien, die die Abhängigkeit von Denk- aber auch Gefühlsleistungen von physiologischen Komponenten betonen. Insbesondere die Hirnphysiologie wird in diesem Umfeld immer wieder herangezogen. Zum grundlegenden Verständnis der relevanten Prozesse mag dieser Bereich sicher einiges beitragen. Zweifelhaft ist allerdings, ob die bislang vorliegenden Ergebnisse ausreichen, für die hier interessierenden Fragestellungen gezielte Prognosen abzugeben oder sogar Verbesserungen von Fähigkeiten herbeizuführen. So ließen sich beispielsweise von Hirndominanztheorien ableitbare Zusammenhänge in Hinblick auf strategisches Vorgehen empirisch nicht bestätigen.

Ebenso hat sich die Hoffnung nicht erfüllt, aufgrund der Herausarbeitung bestimmter Führungsstile Aussagen über die strategischen Qualitäten bei der Auseinandersetzung mit komplexen Situationen machen zu können. Weder sind betont demokratische noch autokratische Stile systematisch dafür verantwortlich, zu welchen Ergebnissen der jeweils derart Geführte gelangt. Zwar sind die inhaltlichen Schwerpunkte häufig an die Art der Führung gebunden, doch lassen sich auf diesem Wege z. B. die entsprechenden Zielerreichungsgrade nicht vorhersagen. Sieht man von negativen Extremausprägungen ab, vermeidet also sowohl den eisenharten Despotismus sowie den sich nach ständig wechselnden Abstimmungsmehrheiten richtenden Pendelkurs, so zeigt selbst ein gegenüber einfachen Persönlichkeitsmerkmalen differenzierteres Maß wie der Führungsstil keine relevanten vorhersagbaren Effekte. Es scheint hier viel eher darauf anzukommen, daß die Führungskraft sich insgesamt stimmig zu sich selbst verhält, unabhängig von dem jeweils damit verbundenen Stil der Führung.

Ähnliches gilt für die Persönlichkeitseigenschaften. Die Tatsache, daß alle bisher verwendeten Maße in ihrer isolierten Anwendung prognostisch versagen, legt die Vermutung nahe, daß Erfolg und Mißerfolg beim Komplexitätsmanagement sich erst aus der Interaktion, dem Zusammenspiel vieler Komponenten ergeben. Dazu gehören neben den individuellen Ausprägungen soziale und situative Elemente. Somit wäre die Schlußfolgerung aus diesen Befunden, Persönlichkeitsmerkmale und -eigenschaften hätten keinen Einfluß auf die Ergebnisqualität, falsch. Sie sind durchaus wirksam, allerdings für die Erklärung des Ganzen nicht ausreichend. Hierin liegt einer der Gründe für die Schwierigkeiten, wenn es um die Besetzung von Positionen für komplexe Aufgaben geht.

Es empfiehlt sich für den Einzelnen in jedem Fall, die vorhandenen Ergebnisse und auch Theorien zur Bedeutung und Wirksamkeit von solchen Merkmalen zu kennen. Bevor er sich jedoch entschließt, sein Verhalten oder seine Person in der einen oder anderen Weise im Hinblick auf damit einhergehende, versprochene Erfolge zu ändern, sollte stets geprüft werden, wieweit eine solche Änderung zur aktuellen eigenen Persönlichkeitsstruktur paßt. Es ist wichtiger und letztlich auch erfolgreicher, mit sich und der Aufgabe weitestmöglich im Einklang zu sein. Das gilt auch dann, wenn man einzelne Erfolgsrezepte nicht beachtet oder ihnen sogar widersprechen muß.

Abschließend sei zu diesem Thema noch ein Befund referiert, der dazu dient, sich von liebgewordenen Vorurteilen zu verabschieden. Nicht in einem einzigen Fall ließen sich geschlechtsspezifische Unterschiede hinsichtlich der Fähigkeiten zum erfolgreichen Komplexitätsmanagement empirisch belegen. Nicht, daß es zwischen Frauen und Männern keine Verhaltensunterschiede beim Umgang mit komplexen Sachverhalten gäbe. Man kann aus ihnen jedoch nicht die Qualität des Gesamtergebnisses erkennen oder ableiten. Frauen wie Männer haben aufgrund der Tatsache, daß sie zu einer dieser beiden Kategorien gehören, weder Vor- noch Nachteile, wenn es darum geht, in komplexen Situationen erfolgreich zu bestehen oder zu versagen. Dies gilt auch unter Krisenbedingungen.

Kompetenz, Kontrollverlust und die Angst
vor Unsicherheit und Komplexität

Die bisherigen Ausführungen zeigen, daß der Motor für das Geschehen beim Umgang mit Komplexität weder in psychischen Merkmalen und Eigenschaften noch in Situationskriterien allein zu finden ist. Erst das Zusammenwirken beider ruft die beobachteten Phänomene hervor. Unabhängig von den spezifischen Inhalten, um die es sich bei diesem Aufeinandertreffen im Einzelfall handelt, ist jedoch eines stets vorhanden: Streß. Und zwar nicht nur als situationsbegleitender Faktor, sondern auch ganz entscheidend als verhaltensbestimmende und -verändernde Größe.

Streß ist mittlerweile aus den Lebensumständen in allen uns umgebenden Bereichen nicht mehr wegzudenken und kann daher kaum geeignet sein, als erklärendes Unterscheidungsmerkmal zu fungieren. Dennoch lohnt sich eine systematische Prüfung seiner Wirkungen für die Analyse der dahinterliegenden Zusammenhänge.

Überblickt man die einschlägige Literatur und sucht nach differenzierenden Merkmalen unterschiedlicher Streßarten, die nicht nur in ihrer Form, sondern auch in ihrer Wirkung differieren sollen, so ergibt sich kein einheitliches Bild. Es lassen sich Begriffe finden wie »subjektiver« Streß, der sich vor allem auf das bewußte Erleben von Streß bezieht, »psychologischer« Streß, der sich vor allen Dingen auf die psychischen Prozesse bei der Streßentstehung konzentriert, »kognitiver« Streß im Sinne geistiger Beanspruchung und schließlich »emotionaler« Streß, der sich auf Veränderungen des Wohlbefindens, der subjektiven Wertbetroffenheit und des psychophysischen Aktivierungsniveaus bezieht. Erschwerend kommt hinzu, daß diese Begriffe nicht trennscharf gebraucht werden und daher Überschneidungen existieren. Unabhängig davon werden jedoch alle diese Varianten unter Komplexitätsbedingungen als Faktoren wirksam.

Hinzu kommen die bei allen Streßphänomenen zu beobachtenden physischen Reaktionen, die das Geschehen durchaus mitbeeinflussen können. Die bisherigen Befunde dazu beschränken sich, sieht man von der Ausbildung psychosomatischer Störungen ab, weitgehend auf kurzfristige Reaktionen. Deshalb sind sie für die innerhalb des Komplexitätsmanagements auftretenden Problemsituationen, bei denen es sich um zeitlich ausgedehnte Prozesse handelt, von geringerer Bedeutung, von Katastrophenphasen unter extremem Zeitdruck abgesehen. Hier wirken sie, vom Adrenalinschub bis zur Paralyse, in jedem Fall als beschleunigende Verschärfung der ohnehin schon dramatischen Lage.

Der klassische Ablauf bei diesem Geschehen ist folgendermaßen: ein bestimmter Streßreiz führt über subjektive Bewertungsprozesse zu einer entsprechenden Streßreaktion, die wiederum Streßfolgen nach sich zieht. Diese können ihrerseits im Sinne einer Rückwirkung wieder als Streßreiz gelten. Dabei zeigt sich, daß die subjektive Wahrnehmung und Bewertung von Situationsmerkmalen die entscheidende Grundlage für Streßentstehung bilden. So können infolge von Antizipationsprozessen Streßreaktionen auftreten, obwohl die aktuelle Situation keinen objektiven Anlaß dazu liefert. Es genügt vielfach schon die Erwartung von Schwierigkeiten, um jemanden unter Streß geraten zu lassen. Insbesondere wenn für niemanden sonst ein heraufziehendes Problem zu erkennen ist, wirken diese vorweggenommenen Reaktionen unangemessen und befremdlich. Das mag auch teilweise die von Gutachtern, Kritikern und Beurteilern im nachhinein häufig zu beobachtende Verständnislosigkeit gegenüber dem Krisenverhalten anderer erklären. Es sei hier an jenen Flugkapitän erinnert, der seine Maschine aus scheinbar »unerfindlichen« Gründen per Hand fast in die Katastrophe gesteuert hätte (vgl. S. 73).

Für das Auftreten von Streß ist nach allgemeiner Ansicht eine subjektiv wahrgenommene Anpassungskrise verantwortlich, die eine nur schwer zu erreichende Situationsveränderung nötig macht. Je notwendiger und je schwieriger zugleich diese Veränderung zu leisten ist, desto stärker wird der daraus resultierende Verlust an Situationskontrolle als Streß empfunden. Streß wird in diesem Zusammenhang als Beeinträchtigung des inneren oder äußeren Gleichgewichts gedeutet. Dabei ist die bloße Wahrnehmung dieser Gleichgewichtsstörung für die Streßentstehung noch nicht hinreichend, es muß die persönliche Betroffenheit hinzukommen. Ist es nicht möglich, diesen Gleichgewichtszustand wieder herzustellen und damit die Lage unter Kontrolle zu bringen, oder, für den Fall seiner Bedrohung, ihn zumindest aufrechtzuerhalten, so gerät man immer dann in einen Streßzustand, wenn man aus diesem Problem nicht herausfindet, obwohl es lösbar erscheint.

Das erklärt auch, warum ausgerechnet verantwortungsbewußte Experten in Krisensituationen unter besonderer Belastung stehen: Gerade weil sie sich besser als andere mit dem jeweiligen Realitätsbereich auskennen, entdecken sie zum einen potentielle Fehlentwicklungen relativ früh. Zum anderen stehen sie aufgrund ihres Expertentums oder ihrer Führungsrolle besonders in der Pflicht, dafür Lösungen zu finden. Ihr Bedürfnis nach Situationskontrolle ist unter diesen Bedingungen besonders hoch und jener Gleichgewichtszustand überproportional empfindlich und gefährdet. Sie geraten daher viel schneller in die Situation, sowohl die Lage als auch das innere Gleichgewicht unter Kontrolle bringen zu müssen. Hier schafft bereits ein unmittelbares Eingreifen in die Situation das notwendige Gefühl, noch handlungsfähig zu sein und das Geschehen mehr oder weniger zielgerichtet beeinflussen zu können. Auch wenn in manchen Fällen die Entscheidungen für einen Außenstehenden nicht nachvollziehbar sind, ist dieses Gefühl der Handlungsmacht zur Aufrechterhaltung einer aktiven Auseinandersetzung mit der Situation unbedingt nötig.

Kontrollverlust und damit Streß entsteht nicht nur, wenn einem die Dinge »aus der Hand« gleiten. Bereits Ungewißheit und mangelnde Vorhersagbarkeit genügen, um das besagte Gleichgewicht zu verletzen. Insbesondere wenn es sich um Ereignisse oder Entwicklungen handelt, die man um jeden Preis vermeiden möchte, erzeugt diese Unsicherheit Angst.

Um dieses Gefühl wieder unter Kontrolle zu bringen, wird versucht, Indizien zur Bestimmung des Ungewissen zu finden. Sind die direkten Wege hierfür verstellt oder zu mühevoll, schafft die Heranziehung übergeordneter und allgemeingültiger Kriterien Abhilfe. So kann es durchaus angstmindernd und beruhigend sein, sich und anderen z. B. angesichts drohender ökologischer Probleme zu versichern, daß »die Wissenschaft dafür schon etwas entdecken wird«. Die Neigung, in allgemeinen, selten wirklich überprüfbaren Erklärungsmustern Zuflucht vor der Unsicherheit zu suchen, führt fast immer zu einer gewissen Beruhigung. In die gleiche Kategorie gehören die schon erwähnten Verschwörungstheorien und nicht zuletzt die in jüngster Zeit verstärkte Tendenz zur Esoterik. Wer seine Antworten auf die Fragen nach einer ungewissen Zukunft aus den Sphären »transmedialer Dimensionen«, zu denen nur Eingeweihte Zutritt haben, bekommt, muß sich nicht mehr rechtfertigen. Er besitzt das richtige Wissen. Wie stark und wirksam müssen diese Ängste sein? Man betrachte nur die Branchenumsätze!

Schließlich sind auch jene Streßphänomene zu berücksichtigen, die im sozialen Umfeld dadurch entstehen, daß die eigene Selbstbewertung, Selbstbestätigung und Selbsteinschätzung gefährdet sind oder doch wenigstens bedroht erscheinen und nicht sofort wieder auf das gewohnte Niveau gebracht werden können. Da die Auswirkungen dieser Streßphänomene zum einen besonders beim sozialen Kontakt mit anderen Personen auftreten, andererseits stark von der individuellen Wertbetroffenheit abhängen, ist bei Wertkonflikten des Einzelnen, die in Gruppen ausgetragen werden müssen, mit besonders deutlichen Streßreaktionen zu rechnen. Wie berechtigt diese Annahme ist und auf welche Art das gestörte Gleichgewicht wieder unter Kontrolle gebracht wird, ist bereits deutlich geworden (vgl. S. 91 ff.).

Wie das bisher Gesagte, die Ergebnisse und Befunde zum Umgang mit Komplexität und die theoretischen Überlegungen dazu hinsichtlich der wesentlichen Abläufe und Zusammenhänge auf den Punkt gebracht werden können, zeigt das folgende Schema zur Handlungsregulation. Der zentrale Begriff, um den herum sich die wichtigen Prozesse ordnen, bezieht sich auf das individuelle Kompetenzerleben, das unmittelbar an den Verlust und die Wiedergewinnung von Kontrolle gekoppelt ist.

In Anlehnung an die von Dörner zu diesem Themenkomplex entwickelten Vorstellungen verbindet sich mit diesem

Zentralaspekt menschlichen Denkens und Handelns die allgemeine Leistungs- und Problemlösefähigkeit des Individuums. Diese beschränkt sich nicht auf Spezialgebiete oder -aufgaben, sondern wird gerade für die unscharfen, unsicheren und neuen Probleme gebraucht. Es geht also nicht um das Durchlaufen vorhandener und vorgefertigter Mechanismen, mögen sie noch so kompliziert sein. Die Bewältigung von fehlerfreien Algorithmen, die für die jeweils zu ihnen gehörende Einzelaufgabe immer zur Lösung führen, ist nicht gefragt. Für komplexe Welten benötigt man vielmehr übergreifende Konzepte, die für ganze Klassen von Problemen geeignet sind, jedoch keineswegs in jedem Fall zum Erfolg führen, sogenannte Heurismen.

Die Frage nach der Organisation der für das Komplexitätsmanagement verantwortlichen Prozesse beantwortet sich im Erleben der damit verbundenen eigenen heuristischen Kompetenz. Man könnte auch anschaulicher, wenn auch definitorisch ein wenig unscharf, von »innerem Selbstbewußtsein« sprechen, das hier für die wesentlichen Abläufe bestimmend ist. Je nach Ausprägung dieses psychischen Selbstvertrauens finden unterschiedliche Regulationsprozesse statt, wobei jeder Einzelne in verschiedenen Situationen und außerdem themen- und problemspezifisch variabel reagieren kann und wird.

Auch wenn die Dinge hier stark schematisiert sind, so lassen sich die Grundgedanken doch gut nachvollziehen. Ausgangspunkt ist jenes Zentrum des »inneren Selbstbewußtseins«. In einem bestimmten Einzelfall und vor einer schwierigen Aufgabe mag es etwas stärker ausgeprägt sein. In diesem Augenblick wird eher die Neigung bestehen, sich auf neue Situationen einzulassen und sich ihnen auszusetzen. Dabei verbirgt sich hinter jeder neuen Situation aufgrund ihrer Unbekanntheit die Gefahr, weder über ausreichende Informationen noch über geeignete Mittel und Lösungswege zu verfügen. Prinzipiell ist also die Chance da, wegen mangelnder Kompetenz die Kontrolle zu verlieren oder sie überhaupt nie zu erreichen. Diesem Risiko und dem damit einhergehenden Streß sich auszusetzen, erfordert immer Mut und jenes Selbstvertrauen.

Folgt man dem linken Zweig des Schemas weiter, so wächst mit der Bereitschaft, sich auf neue Dinge einzulassen, auch die

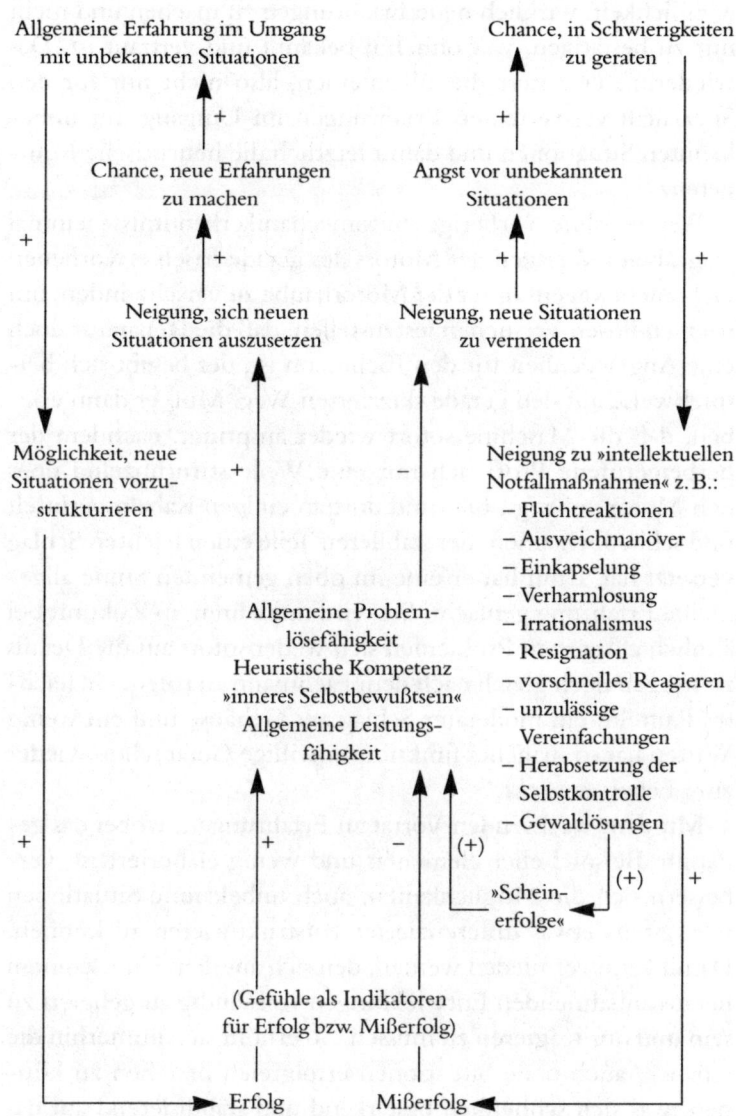

+ gleichsinnige Veränderung (je mehr, desto mehr bzw. je weniger, desto weniger); positive
    Korrelation
− gegensinnige Veränderung (je mehr, desto weniger bzw. je weniger, desto mehr); negative
    Korrelation

Abbildung 14: Handlungsregulation und Kompetenz

Möglichkeit, wirklich neue Erfahrungen zu machen und nicht nur zu bestätigen, was ohnehin bekannt und vertraut ist. Das wiederum erweitert die allgemeinen, also nicht nur für den Spezialfall verwertbaren Erfahrungen im Umgang mit unbekannten Situationen und damit letztlich die heuristische Kompetenz.

Wer es ohne vorherige Automechanikerkenntnisse einmal wagt, beim Versagen des Motors des gerade frisch erworbenen Gebrauchtwagens unter der Motorhaube zu verschwinden, um nach endlosen Versuchen festzustellen, daß die Reparatur doch eine Angelegenheit für den Fachmann ist, der begibt sich beispielsweise auf den gerade skizzierten Weg. Muß er dann erleben, daß die Maschine sofort wieder anspringt, nachdem der herbeigerufene Profi sich nur eine Weile stirnrunzelnd über den Motor gebeugt, hier und dort an einigen Kabeln gerüttelt und schließlich einem der stabileren Teile einen leichten Schlag versetzt hat, dann hat er eine im oben gemeinten Sinne allgemeine Erfahrung gemacht. Sie wird ihn lehren, in Zukunft bei ähnlich gelagerten Problemen sich weder sofort auf die Details zu stürzen noch gleich nach dem Fachmann zu rufen: ein leichtes Rütteln, ein moderater Schlag ans Gehäuse und ein wenig Warten hat so manches funktionsunwillige Gerät schon wieder zum Leben erweckt.

Mit dem wachsenden Vorrat an Erfahrungen, wobei das genannte Beispiel eher elementar und wenig elaboriert ist, verbessern sich die Möglichkeiten, auch unbekannte Situationen wenigstens etwas differenzierter vorstrukturieren zu können. Damit kann vermieden werden, den sich aus dem Unbekannten heraus anbahnenden Entwicklungen vollständig ausgeliefert zu sein und nur reagieren zu müssen. So erhöht sich immerhin die Chance, auch neue Situationen erfolgreich bestehen zu können, was sich schließlich bestärkend und stabilisierend auf das innere Selbstbewußtsein auswirkt.

Dabei ist unbedingt zu betonen, daß sich auf diesem riskanten Weg jederzeit auch große Mißerfolge einstellen können. Da aber der Einstieg in diesen Prozeß von entsprechendem Selbstvertrauen getragen war, sind die Voraussetzungen günstig, daß man dieser im Hinblick auf das eigene Selbstbild ne-

gativen Erfahrung standhalten und sie auf verwertbare Fehler
prüfen kann. Nur so wird man im strategischen Bereich in der
Auseinandersetzung mit Komplexität Fortschritte machen.
Wer nicht den Mut hat, sich auch in unvorteilhaften Momen-
ten im Spiegel zu betrachten, wird sich kaum weiterent-
wickeln. Die Hoffnung, den richtigen Weg mit geschlossenen
Augen finden zu können, ist zumindest in unwegsamem
Gelände gering.

Bleibt noch der rechte Zweig des Schemas. Gesetzt den Fall
man steht vor einer neuen und vermutlich schwierigen Aufgabe, fühlt sich aber verzagt und fürchtet, eventuellen Fehlschlä-
gen innerlich nicht gewachsen zu sein. Unter diesen Vorzeichen
wird man eher versuchen, neue und damit »gefährliche« Situationen zu vermeiden. In dem Maße, in dem man glaubt, ausweichen zu müssen, wächst die Angst vor dem Neuen. Hiermit
steigt auch die Chance, wirklich in Schwierigkeiten zu geraten.
Denn es ist nicht nur die neue Situation mit ihren vermutlich
hohen Anforderungen zu bewältigen, man muß zusätzlich mit
der eigenen Angst und den sie begleitenden Effekten fertig
werden. Damit verschärft sich das Problem deutlich.

Unter diesen Bedingungen gewinnen jene »intellektuellen
Notfallmaßnahmen« an Attraktivität und Bedeutung, die bei-
spielhaft in dieser Rubrik aufgeführt sind. Fluchtreaktionen
und Ausweichmanöver jeder Art finden sich hier, so z.B. psy-
chosomatische Reaktionen oder der Griff zum Alkohol, ebenso
die Tendenz, sich in »heile Welten« einzukapseln oder dem
Problem durch Verharmlosung seine Wichtigkeit und Brisanz
zu nehmen. Irrationalismen, jene Erklärungen der »dritten
Art«, sind hier wirksam. Ebenso schlichte Resignation, die vor
den anstehenden Aufgaben einfach die Segel streicht. Von vorschnellen, ungeduldigen Entscheidungen und Aktionismus,
unzulässigen Vereinfachungen und der Herabsetzung der
Selbstkontrolle bis hin zu Gewaltlösungen war bereits ausführ-
lich die Rede (vgl. S. 52 ff.).

Mit all diesen Notfallmaßnahmen kann man sich immerhin
kurzzeitig Scheinerfolge zuschreiben, doch auf die Dauer sind
die Mißerfolge unabweisbar und verfehlen nicht ihre dämp-
fende Wirkung auf das Selbstvertrauen. Damit wird das ungute

Gefühl, das am Beginn dieses Weges stand, bestätigt und verstärkt. Dieses sorgt sicher dafür, daß bei nächster Gelegenheit noch heftigere Vermeidungsversuche unternommen werden. So entwickelt sich ein Kreislauf, dessen Mechanismen sich im Extremfall vollkommen verselbständigen. Dann kann er nur noch durch Hilfe von außen durchbrochen werden.

Auf der anderen Seite sollte man allerdings nicht vergessen, daß kurzfristiges Ausweichen vor der Wucht der aktuellen Problemlage über die Nebenwege der Scheinerfolge eine gesunde und akzeptable Reaktion auf zu große innere Bedrohungen sein kann. Wenn eine Notlüge oder Verharmlosung dazu führt, daß man den Freiraum gewinnt, um in einer atemlosen Auseinandersetzung Luft für die nächste Runde zu schöpfen, so hat das unter seelenhygienischen Gesichtspunkten sicher seine Berechtigung. Das mag sogar so weit gehen, daß der gelegentlich bemühte »Faustschlag auf den Tisch« sinnvoll ist. Nur sollte man dabei stets im Auge behalten, daß es sich um Ausweichmanöver handelt, die mit der Bewältigung des Problems unmittelbar nichts zu tun haben.

Abschließend sei an dieser Stelle noch einmal betont: Beide Wege stehen jedem Einzelnen immer wieder offen und werden auch beschritten. Die »Weichenstellung« hängt jeweils von dem inneren Selbstvertrauen ab und kann auch während der Phasen einer Problembewältigung wechseln. Für erfolgreiches Komplexitätsmanagement wird es darum gehen, den Mut aufzubringen, vermehrt neue und damit unsichere Bereiche anzusteuern und für die dabei gewonnenen Erfahrungen die Augen offenzuhalten.

Die Rolle der Gefühle

Es bedarf nicht erst der Untersuchungen zum Streß und seinen Begleiterscheinungen, um zu erkennen, daß emotionale Prozesse beim Umgang mit Komplexität relevant sind. Gefühle, Denk- und Handlungsprozesse sind beim Komplexitätsmanagement und den damit verbundenen Anforderungen und Belastungen sogar unmittelbar aufeinander bezogen und können sich wechselseitig steuern.

Da jede Veränderung der Situationskontrolle von Gefühlsregungen begleitet ist, zeigen die Emotionen die Verfassung des Akteurs und seine momentane Lage in bezug auf die Gesamtsituation unmittelbar an. Insbesondere geben sie Auskunft über den erlebten Verlust oder die Wiedererlangung der Kontrolle in der Auseinandersetzung mit einem Problem. Nun sind es genau diese Abweichungen, die Motivation möglich werden lassen. Beginnt eine Situation, sich aus dem Kontrollbereich zu entfernen, gleichgültig, um welche Thematik es dabei geht, so entsteht sofort der Wunsch und Wille, dies zu korrigieren. Dabei müssen keineswegs immer sichtbare Aktionen ablaufen. Es genügt möglicherweise ein kurzer Erinnerungsvorgang, um beispielsweise ein in der Ferne auftauchendes Geräusch, das Anlaß für eine leichte Irritation war, erkennen und einordnen zu können. So wird das erwünschte Gleichgewicht wieder hergestellt und das Gefühl vermittelt, die Situation ausreichend »unter Kontrolle« zu haben.

Somit sind Gefühle nicht bloße atmosphärische Begleitung menschlichen Denkens und Handelns. Sie liefern vielmehr den willensmäßigen Hintergrund dafür und sind in der Lage, das Verhalten in ständigem Wechsel wesentlich zu beeinflussen und zu steuern. Wie dieses Zusammenspiel von sich verändernder Kontrolle und den damit einhergehenden Willens- und Gefühlsprozessen aussieht, sei an einem kleinen Beispiel verdeutlicht.

Jemand sitzt am Schreibtisch und schreibt einen Brief mit einem Bleistift, den er nach einer gewissen Zeit anspitzen muß. Der erste Versuch mißlingt, und die Mine bricht im Spitzer ab.

Er versucht es erneut, verkantet den Bleistift ein wenig, und es gelingt ihm, die Mine fast ganz spitz zu bekommen. Um die Sache zu vollenden, gibt er noch zwei Drehungen im Spitzer zu – eine zuviel: die Mine bricht zum zweiten Mal. Beim dritten Anlauf arbeitet er nun mit viel Fingerspitzengefühl und versucht, durch geeignetes Verkanten des Stifts jede unnötige Reibung zu vermeiden. Wieder gelingt ihm das Vorhaben soweit, daß man zwar mit dem Stift schreiben könnte, er aber noch nicht völlig spitz ist. Da der Schreiber keine Halbheiten liebt, riskiert er es noch einmal, mit einigen zusätzlichen Drehungen der Spitze den letzten Schliff zu geben. Er gibt sich alle Mühe, die Prozedur möglichst sensibel auszuführen. Drei weitere Drehungen und – die Bleistiftspitze präsentiert sich in der gewünschten perfekten Form.

Der zur Motivation, den Bleistift anzuspitzen, gehörige »Kontrollverlauf« mit den begleitenden Emotionen könnte dann so aussehen: Das Motiv für das Bleistiftspitzen kommt aus der aktuellen Situation, da der Stift zu stumpf ist. Dies ist kaum emotional gefärbt. Beim ersten Fehlschlag könnte ein kleiner Schreck auftauchen, eventuell auch schon Ärger, der sich jedoch spätestens beim zweiten Fehlschlag mit großer Sicherheit einstellt. Der dritte Versuch dürfte zunächst von Besorgnis begleitet sein, die mit zunehmendem Erfolg in den Mutwillen übergeht, das Risiko, das für den letzten Schliff nötig ist, einzugehen. Der Erfolg gibt dem Schreiber schließlich recht. Er freut sich und empfindet vielleicht sogar ein leises Gefühl des Triumphes über die Tücke des Objekts und ist stolz auf sein fein ausgeprägtes Fingerspitzengefühl.

Dieses unmittelbare Zusammenwirken erklärt, warum Gefühle gleichermaßen als für das Denken förderlich und störend erlebt werden. Die Rückmeldungen über das Ausmaß der eigenen Kompetenz, eine Situation wieder unter Kontrolle zu bekommen, können im günstigen Fall stärkend, beruhigend und anspornend wirken. So können neue Ideen gewagt werden. Im Falle von fehlenden Fähigkeiten oder Verlust derselben wirken sie als Alarmsignal, dem man sich zuwenden muß und das auf dringende, zusätzlich zum aktuellen Problem anstehende Aufgaben hinweist.

Beide Reaktionen werden vor allem unter Zeitdruck besonders intensiviert, wobei sich die dabei auftretenden Emotionen verselbständigen können. Das ist insbesondere bei Ärger, Wut und Angst der Fall. Wut und Ärger sind immer dann zu erwartende Gefühlsreaktionen, wenn sich einem angestrebten und auch erreichbaren Ziel Widerstände in den Weg stellen. Angst tritt auf, wenn unerwünschte Entwicklungen und Ereignisse nicht abgewehrt oder vermieden werden können. In beiden Fällen kann sich der Handlungsablauf von der eigentlichen Zielerreichung völlig loslösen, so daß die Beschäftigung mit der eigenen Gefühlslage zum zentralen Geschehen wird, hinter der alles andere zurücktritt.

Hat man die Rolle und Funktion der Gefühle als Indikatoren für das Ausmaß und den ständigen Wechsel eigener Kompetenz im Umgang mit Komplexität erkannt, so ist es auch möglich, frühzeitig und sensibel auf einen sich allmählich einstellenden Kontrollverlust durch ergänzende Maßnahmen, Kursänderungen u. ä. zu reagieren. Hier sind jene Erfahrungen angesiedelt, die in der Praxis häufig als Intuition bezeichnet und deren Ergebnisse als »aus dem Bauch heraus« entstanden qualifiziert werden. Man muß unter diesen Umständen nicht erst heftige Gefühlsreaktionen abwarten, deren Bewältigung ein zusätzliches Problem darstellt und von der eigentlich dringenden Aufgabe nur abhält. Umgekehrt lassen sich durch gezielt vermittelte Erlebnisse eigener Leistungsfähigkeit Gefühle mehr oder weniger systematisch hervorrufen. Diese Emotionen können dann wiederum als Lenkungselemente für das Kontroll- und Problemlöseverhalten eingesetzt werden.

Zur Vervollständigung des Handlungsregulationsschemas der Abbildung 14 liefert die Darstellung auf der nächsten Seite den »Einbau« der Gefühle in diesen Prozeß. Der Ort, an dem sie anzusiedeln sind, ist bereits durch die in Klammern gesetzte Bemerkung dort skizziert worden. Hier die differenzierte Form. Die dabei auftretenden »Bestandteile« der Gefühle werden generell in positive und negative gegliedert, wobei die Wahl der Adjektive sich nicht auf die Wirkung bezieht, sondern eher auf die Erlebnisqualität. Ohne Anspruch auf Vollständigkeit zu erheben, zählen zu den positiven Gefühlen z. B.

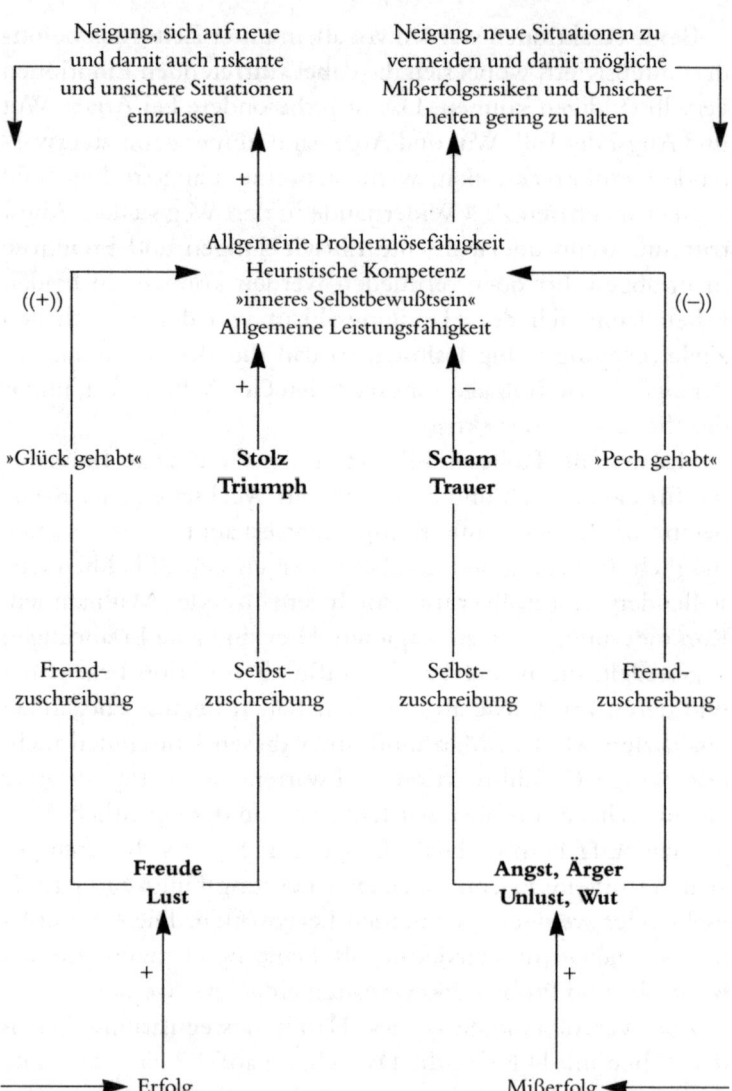

Die jeweiligen **Gefühle** sind **fett** gekennzeichnet.

Die »offenen« Verbindungen sind die Schnittstellen zum Schema »Handlungsregulation und Kompetenz« (s. Abb. 14).

+ gleichsinnige Veränderung (je mehr, desto mehr bzw. je weniger, desto weniger); positive Korrelation

– gegensinnige Veränderung (je mehr, desto weniger bzw. je weniger, desto mehr); negative Korrelation

Abbildung 15: Kompetenz und Gefühle

Lust, Freude, Stolz und Triumph, zu den negativen Unlust, Ärger, Zorn, Wut, Angst und Schreck.

Man erkennt den Zentralbereich des Handlungsschemas mit den Positionen der heuristischen Kompetenz und jenem »inneren Selbstbewußtsein«, von wo aus sich der linke Kreislauf in Richtung auf die Suche nach neuen Erfahrungen und der rechte mit dem Bestreben, neuen Situationen auszuweichen, öffnen. Sie schließen sich auf der unteren Gegenseite, links der »Erfolgsweg«, rechts der Pfad des Mißerfolgs. Bevor nun beide auf die Kompetenz zurückwirken, kommen die Gefühle in ihrer Rolle als Indikatoren, auf welchem der beiden Wege man sich aktuell befindet, ins Spiel. Vereinfachend kann man formulieren: Bevor man weiß, daß ein Lösungsversuch erfolgreich oder nicht ist, fühlt man es. Genau davon machen jene Gebrauch, deren Intuition nicht selten Bewunderung verdient.

Welche Gefühle im einzelnen auftreten, kann durchaus variieren. Die genannten stehen nur stellvertretend für das gesamte Spektrum. Im Erfolgsfall werden sich positive Emotionen wie Freude, Lust o.ä. einstellen, auf der anderen Seite ist mit Unlust, Ärger, Angst, Wut und sonstigen Abstufungen negativer Gefühle zu rechnen. Wie stark deren Wirkung auf das eigene Kompetenzerleben durchschlägt, hängt allerdings noch davon ab, ob man das jeweilige Ergebnis seiner Bemühungen eigenen oder fremden Einflüssen zuschreiben muß oder kann. Aus diesem Grund teilen sich die Wirkungsstränge noch einmal.

Kann man im ungünstigen Fall fremden, selbst nicht zu verantwortenden Quellen die Ursache des Mißerfolgs zuschreiben, sich also darauf zurückziehen, einfach »Pech« gehabt zu haben, wird das auf die eigene Kompetenzbewertung nur geringen Einfluß haben. Analoges gilt für jene Bemühungen, deren positive Ergebnisse vor allem durch Fremdeinwirkung zustandekamen, bei denen man schlicht »Glück« gehabt hat.

Sind die Resultate dagegen weitestgehend Eigenleistungen, die man sich selbst zuschreiben darf, so sind im günstigen Fall Emotionen wie Stolz und Triumph anzutreffen. Auf der Gegenseite, wenn die unabweisbaren Fehlschläge eindeutig auf eigenem Versagen beruhen, entstehen so tiefgehende Gefühle

wie Scham und Trauer mit ihren entsprechend durchschlagen-
den Wirkungen auf das Selbstbewußtsein.

An dieser Stelle ist noch eine ergänzende Querverbindung
zu den Wertorientierungen anzufügen (vgl. S. 91 ff.). Sowohl
übergeordnete Normensysteme als auch persönliche Wertvorstellungen strukturieren das Denken und Handeln in komplexen Situationen in vergleichbarer Form vor, wie dies auch
Gefühle tun. Sie geben Auskunft über generelle Bewertungen
aktueller Zustände und Handlungsweisen. Unter Belastungs-
bedingungen zeigt sich jedoch, daß ihre handlungssteuernde
Funktion nur begrenzt zuverlässig ist.

Ähnlich beeinflussen die unterschiedlichen Einstellungen,
mit denen ein komplexes Problem in Angriff genommen wird,
die nachfolgenden Lösungsprozesse nicht nur inhaltlich, sie bestimmen auch deren Verlauf und Bewertung und können auf
diese Weise zur Steuerung des Verhaltens eingesetzt werden.
Im Gegensatz zu den Wertvorstellungen sind diese Erwartungshaltungen eher situationsabhängig und verändern sich daher stärker als jene.

Diese Nähe zu Gefühlsprozessen ist dafür mitverantwortlich, daß es bei Verletzungen sowohl von Wert- als auch von
Erwartungshaltungen, wie sie typisch für Zielkonflikte sind,
in der Regel zu deutlich aggressiven Reaktionen kommt. Speziell komplexe Situationsbedingungen sind dafür anfällig, da
bei ihrer Vielschichtigkeit Wertkonflikte besonders häufig auftreten.

Komplexität als Chance

Wurde Komplexität bislang als Herausforderung betrachtet, der gegenüber man sich mehr oder weniger angemessen verhält und mit der in jedem Falle verstärkt zu rechnen ist, so kommen hier neue Aspekte in den Blick. Wer sich auf Komplexität einläßt, den erwarten keineswegs ausschließlich kaum erfüllbare Forderungen und absolut unregierbare Verhältnisse. Um diese Erfahrungen zu machen, reicht es allerdings nicht aus, sich lediglich das einschlägige Fachwissen anzueignen. Es hat sich in der Praxis, aber auch in der Forschung unmißverständlich gezeigt, daß intensiv vermittelte Theorien und Strategien zur Komplexitätsbewältigung nicht ausreichen. Allenfalls erhöht sich dadurch die Verbalmacht über die Dinge. Man kann anschließend sehr kompetent darüber reden, die Umsetzung des Wissens ist damit aber noch keineswegs gewährleistet. Eine Erfahrung, die leider durch eigene Mißerfolge auf diesem Sektor gut untermauert wurde. Auch formale Modelle wie etwa jene aus dem Bereich der Entscheidungstheorien haben höchstens den Charakter unterstützender Werkzeuge. Das eigentliche Handwerk und seine Kunst vermitteln sie nicht.

Will man dagegen die Chancen, die in der Komplexität liegen, nutzen, um damit Türen in neue Bereiche menschlichen Denkens und Handelns aufzustoßen, dann wird es nötig sein, sich unmittelbar darauf einzulassen. Daß man dabei auf zum Teil ungewöhnliche und irritierende Strukturen stößt, muß kein Hindernis sein, wie wir sehen werden. Daß der zurückzulegende Weg kein Königsweg sein wird, dürfte nicht erstaunen.

Diagnose, Training und neue Strategien
im Komplexitätsmanagement

Im Rahmen der Anwendungsbereiche der Simulationsmethodik (vgl. S. 31 ff.) tauchten die Umsetzungsmöglichkeiten bereits als Hinweise auf. Soll Komplexität als Chance realisiert werden, ist der Umgang mit ihr nicht nur zu analysieren. Es muß vielmehr gelingen, ihn gezielt zu verändern, und zwar sowohl generell in Form allgemeinen Trainings als auch speziell und aktuell auf dem Wege der unmittelbaren Unterstützung bei komplexen Problemen. Nach den Befunden der vorangegangenen Abschnitte ist diese Forderung wohl einleuchtend.

Bevor beides geschieht, sollte man sich im Rahmen einer differenzierten Diagnose zunächst über die vorhandenen Kapazitäten, Fähigkeiten und Zusammenhänge klar werden. Im Fall der planungs- und entscheidungsbegleitend eingesetzten Modellwelten erfüllt die vorgeschaltete Konstruktion diese Bedingung. Für die Akteure dagegen wäre eine Art Vorlauf nötig, um ihren Trainingsbedarf im einzelnen zu ermitteln. Da man jedoch, wie bereits im Kapitel über Persönlichkeitseigenschaften und -merkmale geschildert, auf kurzem Wege hier nicht fündig wird, sondern selbst zur Diagnose schon den vollständigen Umfang eines Komplexitätsmanagements benötigt, werden in der Praxis Training und Analyse nicht getrennt. Unabhängig von der jeweils vorrangigen Absicht ist das Training stets zugleich mit diagnostischen Elementen verknüpft und die Diagnose regelmäßig mit Trainingsbemühungen. Daher ist Aufbau und Durchführung beider Verfahren ähnlich, wenn auch die Trainingssequenzen in der Regel zeitintensiver ausfallen.

Wir wählen hier die Trainingsidee als Leitgedanken, um einen Eindruck vom Vorgehen zu vermitteln. Im Vordergrund der Bemühungen steht dabei die systematische Veränderung bisheriger Verhaltensmuster in Richtung auf einen angemesseneren Umgang mit Unsicherheit und Komplexität. Um diesen Weg zu ebnen und neben begriffliche auch Handlungskompetenz zu stellen, ist der aktive Umgang mit komplexen und kritischen Systemen nötig. Man muß sich selbst in einer solchen

Situation erlebt und erfahren haben, um aus den vorhandenen Einsichten praktisches Kapital schlagen zu können. Wie ein solches Konzept im einzelnen durchgeführt wird, soll im folgenden skizziert werden.

Das Training mit Simulationsverfahren und deren Komplexitätsmerkmalen liefert generell nicht nur eine geschärfte Wahrnehmung für komplexe Situationen sowie deren Anforderungen und Eigenschaften in bezug auf einen exemplarischen Fall. Es verdeutlicht auch die eigenen Stärken und Schwächen im Umgang mit ihnen. Dabei kommt es gleichermaßen auf die aktive Auseinandersetzung mit ökonomischen, organisatorischen, personellen und sicherheitstechnischen, aber auch sozialen, psychischen, politischen, ökologischen und kulturellen Aspekten an. Man muß sich zudem nicht nur mit den Möglichkeiten, Problemen und Risiken, die in der Startsituation gegeben sind, auseinandersetzen. Zusätzlich sind die im weiteren Verlauf aus den eigenen Entscheidungen und Handlungen sich entwickelnden Konsequenzen zu berücksichtigen.

Die Notwendigkeit, stets aufs Neue auf den Ergebnissen der eigenen Entscheidungen aufbauend die Situation über einen längeren Zeitraum gleichsam im Zeitraffer steuern zu müssen, vermittelt einen direkten Eindruck von der Dynamik, Vernetztheit und Prozeßhaftigkeit komplexer Sachverhalte. Sie lassen sich mit eindimensionalen Lösungsansätzen kaum befriedigend beeinflussen.

Diese Trainingsmodelle lassen sich bei Bedarf durch andere ergänzen, die dem jeweils real existierenden Unternehmen der Teilnehmer sowie, bestimmten Entwicklungs- oder Technologieprojekten individuell und spezifisch angepaßt sind. Dabei kann der Auflösungsgrad je nach Wunsch verfeinert werden (vgl. S. 31 ff.).

Auf der Ebene bloßer Strukturgleichheit kann eine Modellvariante zum allgemeinen Training strategischer Management- und Steuerungskonzepte angewendet werden. Diese Modellvariante ist speziell abgestimmt auf den für das zugehörige Unternehmen oder Projekt typischen Bereich mit seinen ökonomischen, technischen, ökologischen, sozialen und »kulturellen« Bedingungen.

Dieses allgemeine und in erster Linie strukturgleiche Modell läßt sich durch die Ergänzung mit »echten« Daten des jeweiligen Unternehmens oder Projekts in eine der Realität möglichst exakt entsprechende Modellversion überführen.

Dient das Training vor allem der vorbereitenden Einübung in das Management komlexer Systeme, und damit der Vorbeugung gegen die geschilderten Verhaltenstendenzen, so steht bei der direkten Betreuung die Abbildung der jeweils relevanten Realität und ihrer Dynamik im Mittelpunkt. Mit Hilfe einer solchen »Abbildung« wird nicht nur ein vertieftes und differenziertes Situationsverständnis erreicht. Sie ermöglicht darüber hinaus eine effektive Nutzung systemimmanenter Selbstorganisationsprozesse. Außerdem ist eine genauere Beurteilung der Auswirkungen unterschiedlicher strategischer Konzepte möglich.

Ein derart erweitertes Modell kann unmittelbar als Entscheidungshilfeinstrument bei strategischen, mittel- und langfristigen Planungen und Entscheidungen eingesetzt werden. Dies gewinnt insbesondere bei krisenanfälligen Systemen zur Abschätzung von Risiken, die sich erst aus der Interaktion von Akteuren mit dem jeweiligen System ergeben, an Bedeutung. Auf diesem Wege wird der Einbau solcher nur schwer vorhersehbarer, häufig zudem irrational erscheinender menschlicher Verhaltensweisen in systematische Risikoanalysen möglich. Denn die Daten einer Verhaltensanalyse im Umgang mit komplexen Krisenmodellen erlauben direkte Ableitungen, mit denen man unmittelbar die bereits vorhandenen Vorhersagemodelle ergänzen kann. Zugleich ergibt sich damit die Möglichkeit, systemeigene Entwicklungstrends systematisch abzuschätzen und zu berücksichtigen.

Das Problem kann entweder von Einzelpersonen oder von Gruppen mit mehreren Teilnehmern bearbeitet werden. In beiden Fällen ist es möglich, mehrere voneinander unabhängige Simulationsläufe jeweils zugleich und parallel zu realisieren. Dabei sind für die Trainingsmodelle hochspezielle Fachkenntnisse auf Seiten der Teilnehmer nicht unbedingt notwendig, da hier in erster Linie strategisches Management gefordert ist und nicht vorrangig die Feinregelung von Detailfragen. Letztere ist im Sinne von kompetenten »Sachbearbeitern« ohnehin im Modell realisiert, so daß man Detailprobleme bei Bedarf an diese systeminternen Instanzen delegieren und sich auf die strategischen Konzepte beschränken kann.

Damit erlaubt die Simulationstechnik den Teilnehmern, ihre Flexibilität und die jeweils eigenen Strategien und Lösungskonzepte im Umgang mit vernetzten, komplexen Problembereichen konzentriert zu erproben – Fähigkeiten, die für jede Form von Führungsaufgaben und das Verständnis komplizierter Vorgänge in Wirtschaft, Technik, Politik und Umwelt nützlich sind. Dabei zeigen sich außerdem die Stärken, Schwächen und Risiken eigener Planungs-, Entscheidungs- und Handlungsprozesse in unmittelbarer Deutlichkeit, wie auch die Reaktionen und Eigenschaften komplexer Systeme individuell erfahrbar werden.

Es ist im übrigen nicht nötig, daß der einzelne Teilnehmer selbst den Rechner bedient. Als »Schnittstelle« ist stets der Trainings- oder Spielleiter vorgesehen, der Eingriffe und Abfragen an den Rechner weitergibt und Antworten und Ergebnisse der Maschine verständnisgerecht interpretiert. Dieses Vorgehen stellt nicht nur einen reibungslosen technischen Ablauf sicher, es erhöht auch die Natürlichkeit und Flexibilität des Modells und verhindert eine Überlagerung der Trainingseffekte durch jene Probleme, die sich allein aus der Bedienung eines Computers ergeben können.

Übernehmen Gruppen die Steuerungsaufgabe, so bietet sich zusätzlich die Möglichkeit, soziale Erfahrungen in der Teamarbeit in gedrängter und hautnaher Weise zu vermitteln oder zu analysieren. Außerdem lassen sich unter diesen Bedingungen Techniken zum Umgang mit Zielkonflikten vermitteln, die ein gleichzeitiges Verfolgen zunächst widersprüchlicher Ziele ermöglichen.

Das Trainingskonzept basiert zum einen generell auf den Ergebnissen und Theorien langjähriger, systemtheoretisch orientierter Grundlagenforschung auf dem Gebiet der Denk- und Handlungspsychologie. Zum anderen sind all jene spezifischen Erfahrungen verarbeitet, die im Laufe vieler Jahre in zahlreichen praktischen Anwendungen und Umsetzungen dieses

theoretischen Ansatzes gewonnen wurden. Anwendung fand
das Konzept in realen Entwicklungs-, Management- und Re-
gionalentwicklungsprojekten, vor allem in der Zusammenarbeit mit den verantwortlichen Teilnehmern aus den jeweils
betroffenen Unternehmen, Projekten und kommunalen Gremien.

Dem Trainingsansatz liegt dabei die Idee zugrunde, daß
Komplexitätsmanagement ein ganzheitlicher Prozeß ist, bei
dem neben den kognitiven und organisatorischen Anforderun-
gen auch emotionale und motivationale Aspekte eine wichtige
Rolle spielen. Das Zusammenwirken von Denken, Wollen,
Fühlen und Handeln wird unmittelbar erfahrbar gemacht.

Die Verwendung der Simulationsmodelle erlaubt einerseits
eine fortlaufende, exakte Protokollierung der komplizierten
Systemzustände, die von den Teilnehmern jeweils erzeugt werden. Dies ist die Basis für differenzierte Analysen des System-
verhaltens und für die Bewertung der Qualität der Lösungsansätze, insbesondere der mit ihnen verbundenen Risiko- und
Stabilitätsveränderungen. Darüber hinaus werden die Daten
über sämtliche Interaktionen mit dem System in ihrem zeitlichen Ablauf festgehalten. Auf diesem Wege wird das Material
für eine differenzierte Verhaltensanalyse bereitgestellt.

Ergänzend dazu dient die unmittelbare Beobachtung des
individuellen Verhaltens der Teilnehmer, besonders wenn sie
in Gruppen arbeiten und gegen andere ihre Vorstellungen
durchsetzen oder mit ihnen Konsens finden müssen, der
Herausarbeitung typischer und persönlicher Planungs- und
Handlungsstile. Damit ergibt sich die Möglichkeit, das für
bestimmte individuelle Strategien und deren Erfolge und
Mißerfolge verantwortliche Verhalten transparent zu machen
und differenziert aufzuschlüsseln, wodurch es zugleich für gezielte Veränderungsmaßnahmen zugänglich wird.

Erfolgt der Einsatz unter diagnostischen Gesichtspunkten, so
werden die verwendeten Modelle zuvor im Hinblick auf
wesentliche Aspekte, Aufgaben, Probleme und Strukturen ergänzt. So entsteht, eingebaut in die Gesamtsituation, ein Par-
cours, dessen Bewältigung im Rahmen der Beurteilung besonderes Gewicht erhält.

Die hieraus gewonnenen Ergebnisse liefern die Basis für individuell zugeschnittene Laufbahnberatungen. Sie sind Anhaltspunkte für detaillierte und genaue Beurteilungen persönlicher Potentiale zur Bewältigung komplexer Situationen. In diesen Fällen hat es sich bislang immer als sinnvoll erwiesen, geschulte Beobachter und Kenner des beabsichtigten Einsatzbereichs in den Diagnoseprozeß von vornherein einzubeziehen. Sie sind als erfahrene Experten unerläßlich, um eine differenzierte und genaue Zuordnung von Kandidaten und Aufgaben zu gewährleisten. Erst die Verbindung externer und interner Beurteilungen, wie jemand den »Komplexitätsparcours« durchlaufen hat, macht dieses Vorgehen so leistungsfähig.

Das Training ist in mehreren aufeinander aufbauenden Stufen organisiert. So wird in einem ersten Ansatz zunächst versucht, den Teilnehmern vor dem Hintergrund detaillierter Strukturkenntnisse unmittelbare Erfahrungen im Umgang mit komplexen ökologisch-ökonomischen bzw. technischen Systemen konzentriert zu vermitteln. Dabei entwickelt sich nicht nur ein differenziertes Gefühl und Verständnis für die Problematik vernetzter Systeme, die Teilnehmer werden auch für die angemessene Steuerung solcher Systeme sensibilisiert. Typische Fehler aber auch Stärken der eigenen Strategien werden verdeutlicht und ermöglichen eine realistischere Einschätzung eigener Fähigkeiten auf diesem Gebiet.

Des weiteren üben die Teilnehmer spezielle strategische Techniken zur Steuerung vernetzter Systeme wie z.B. den Umgang mit Nebenwirkungen und zeitverzögerten Reaktionen. Weiter wird hautnah durch eigenes Handeln demonstriert, wie Denk- und Handlungsmuster bei der Problembearbeitung in emotionale und motivationale Prozesse eingebettet und damit erfahrungsresistent sind und welche Vor- und Nachteile aus dieser Art der »Stabilität« resultieren.

Die Resultate einer weiteren Stufe beziehen sich in erster Linie auf direkte Modifikationen der strategischen Verhaltensweisen beim Umgang mit Unbestimmtheit und Komplexität. Bei einem Simulationslauf, der sich auf ein inhaltlich neues, jedoch strukturgleiches Problem bezieht, wird versucht, das Verhalten gezielt in Richtung auf höhere Flexibilität und Ef-

fektivität der Strategien zu verändern. Insbesondere wird die
Anpassung eigener Ziele und Strategien an bestehende Unter-
nehmens- oder Projektrealitäten sowie die gezielte Umgestal-
tung vorgefundener Sachverhalte und Unternehmensstruktu-
ren zur Durchsetzung eigener Ideen und Vorgehensweisen
erprobt.

Dieses Ziel kann erst durch die systematische Einbeziehung
und Aufbereitung nicht nur der bisherigen kognitiven, sondern
auch der emotionalen Erfahrungen und mit dem für die eigenen Fehlertendenzen geschärften Bewußtsein erreicht werden.
Die bloße Wiederholung der Simulationsläufe führt überprüf-
termaßen nicht zu systematischen Veränderungen, weder was
die Qualität des Vorgehens, noch was die Systemergebnisse betrifft.

Eine ergänzende Trainings- bzw. Diagnoseeinheit ist ausschließlich dem Thema Krisenmanagement gewidmet. Dazu
werden insbesondere die durch Krisensituationen und katastro-
phale Entwicklungen an die Akteure gestellten Anforderungen,
aber auch individuelle Reaktionen auf solche dramatischen
Entwicklungen durch die Simulation entsprechender Szenarien erfahrbar gemacht. Dies geschieht »gefahrlos«, da nur in
Scheinwelten ablaufend. Im Training werden zusätzlich geeignete Methoden zur Bewältigung des damit verbundenen Stres-
ses und der begleitenden Emotionen vermittelt, die den Akteuren die Möglichkeit bieten, neue Erfahrungen systematisch
zu strukturieren und in die schon vorhandenen zu integrieren.

Die Fähigkeit, unter Katastrophenbedingungen Streßur-
sachen und deren Auswirkungen einander zuordnen zu können, ist eine wesentliche Voraussetzung zur Aufrechterhaltung
der Handlungskompetenz. In Krisensituationen ist es unbedingt
von Vorteil, aktiv das Geschehen zumindest mitzubeeinflussen
und sich gerade nicht aus der Situation zurückzuziehen. Um
das zu erreichen, muß der Akteur durch bewußte Erfahrungen
im Umgang mit den eigenen Kognitionen und Emotionen
gleichermaßen lernen, seine »natürlichen« Rückzugstendenzen
zu erkennen und zu überwinden. Allerdings bedarf es dazu ge-
zielter und nachdrücklicher Interventionen. Die Einsicht in die
Notwendigkeit reicht gewöhnlich nicht dafür aus, ein differen-

ziertes »Fingerspitzengefühl« für Krisenprozesse und den eigenen Umgang mit ihnen zu entwickeln.

Das hohe Anspruchsniveau und die thematische Einkleidung der gestellten Probleme rufen bei allen Trainings- und Diagnosevarianten eine überdurchschnittlich hohe Leistungsmotivation bei den Teilnehmern hervor – selbst in Phasen außergewöhnlich großer Anforderung und Belastung. Nach den bisherigen Erfahrungen aus vielfältigen praktischen Einsätzen der genannten Modelle sowohl bei jungen Führungskräften als auch bei berufserfahrenen Praktikern, z. B. Kommunalpolitikern und Managern in strategischen Positionen, können insbesondere durch persönliche Identifikationsmöglichkeiten systematische Lernerfolge und langfristige Verhaltensänderungen erzielt werden. Die vorliegenden Ergebnisse in Hinblick auf die Verbesserung des Komplexitätsmanagements mit unterschiedlichen Anwendungsfeldern sind trotz aller Beharrungstendenzen, von denen schon die Rede war und deren Wirksamkeit man nicht unterschätzen sollte, durchaus ermutigend.

Stellvertretend sei hier von einem Ergebnis berichtet, das während eines Krisenmanagement-Trainings mit Projektleitern eines international agierenden Automobilkonzerns erreicht wurde. Die Teilnehmer sollten gezielt darauf vorbereitet werden, sich unter dramatischen und hochfrequenten Situationsbedingungen nicht nur behaupten zu können, sondern außerdem für die weitere Zukunft Handlungsfreiräume zu schaffen. Als Test- und Übungsfeld wählte das Unternehmen ein Entwicklungsprojektszenario. Die Abbildung auf der nächsten Seite zeigt den Verlauf einiger Kerngrößen. Sie ist gut vergleichbar mit den auf Seite 71 ff. geschilderten Befunden und insbesondere den in der Abbildung 11 (S. 87) dargestellten Effekten.

Man erkennt unschwer, daß auch hier in der Krisenphase der Druck auf das gesamte System zu einem deutlichen Absinken lebenswichtiger Komponenten führt. Doch im Gegensatz zum fast völligen Zusammenbruch unter »Normalbedingungen« zeigt sich in der Schlußphase die Umkehr der Talfahrt. Die trainierten Akteure übergeben am Ende ihres Krisenmanagements das Projekt im einem Zustand, der bezogen auf die Startposi-

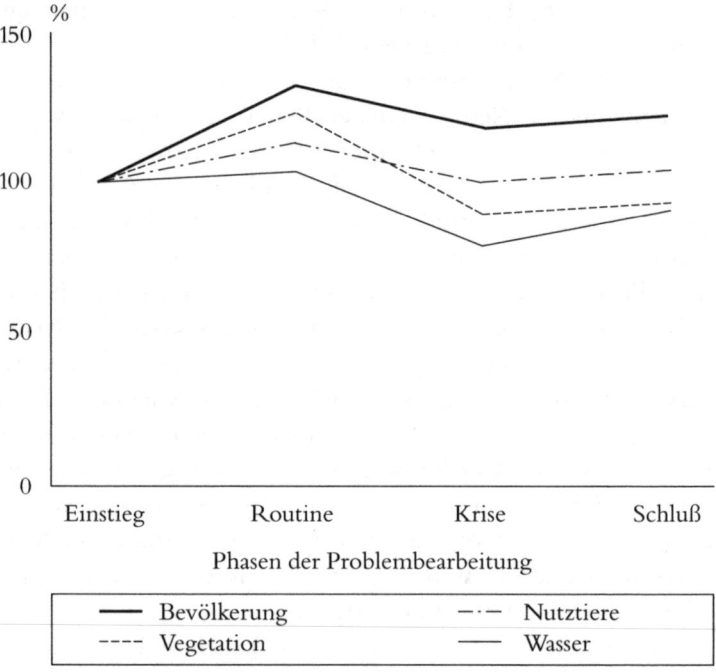

Abbildung 16

tion bereits wieder über 81% des Wassers, 84% der Vegeta-
tionserträge, 104% der Nutztiere und 119% der Bevölkerung
verfügt.

Man beachte dabei den für die Zukunft wichtigen Gradien-
ten, mit dem die Bevölkerungskurve ansteigt und erinnere sich
der hierin liegenden Gefahr (vgl. Seite 87). Die Beschleunigung ist deutlich geringer als in der Routinephase. Besonders
dieser eine lange Anlaufzeit benötigende Effekt, aber auch alle
anderen Auswirkungen sind darauf zurückzuführen, daß bereits die Stabilisierungsvorbereitungen in den ersten beiden
Phasen breit und erfolgreich angelegt wurden. Um schließlich
wieder jene Lebensfähigkeit zu erlangen, die das System bei
Übergabe an die Projektleiter besaß, sind in diesem Fall nur
sieben Jahre Weiterentwicklung nötig. Und das ist durchaus
bemerkenswert, verglichen mit dem fast hoffnungslosen Zeithorizont von 85 Jahren nach untrainiertem Projektmanage-

ment, aber auch mit den 20 Jahren bei »natürlicher« Entwicklung.

Die Validierung solcher Ergebnisse, und seien sie im Einzelfall auch noch so befriedigend, an den späteren Effekten in der Praxis ist prinzipiell schwierig. Wenn auch z. B. im hier beschriebenen Fall die Geschäftsleitung des Unternehmens mit den Leistungen ihrer trainierten Führungskräfte in der sich tatsächlich als überaus kritisch erweisenden Situation sehr zufrieden war, ist eine eindeutige Ursachenzuschreibung für diese Erfolge letztendlich nicht möglich. Wiederholen sich diese Effekte im Laufe der Jahre und erweisen sich in vergleichbaren Parallelsituationen andere Akteure als weniger leistungsstark, so ist es immerhin nicht allzu vermessen, für die auftretenden Unterschiede u. a. auch einen systematischen Trainingseffekt als Ursache zu vermuten.

Ähnlich liegen die Verhältnisse bei den Verhaltensänderungen. Es war schon mehrfach davon die Rede, daß die menschlichen Verhaltensmuster gegen Modifikationsversuche recht widerstandsfähig sind. Man wird diese Art der Stabilität auch nicht generell verurteilen können, sichert sie doch für viele Situationen und Lebensbereiche die Möglichkeit, sich selbst und die eigenen Umgangsformen mit der Realität wiedererkennen zu können. Damit bleibt man für sich und andere kalkulierbar, innerhalb gewisser Grenzen selbstverständlich. Doch diese Stabilität, die unter Normalbedingungen Treffsicherheit und Effektivität gewährleistet, ist im Falle notwendiger Änderungen ein Hindernis, und zwar mit deutlicher Beharrungstendenz.

Dementsprechend ist nicht damit zu rechnen, daß sich aufgrund der Trainingsbemühungen einschneidende Verhaltensänderungen einstellen werden. Das ist allerdings auch nicht beabsichtigt. Die Philosophie der hier vorgestellten Veränderungsversuche ist ja davon getragen, die Lerngeschichte, Erfahrungen und Eigenheiten des Einzelnen als wesentliche Grundlage anzuerkennen und sie nicht grundsätzlich in Frage zu stellen. Beabsichtigt und angestrebt wird dagegen bildlich gesprochen eine Modulation, die sich auf die bestehende Grundfrequenz legt und damit einen neuen Gesamtklang erzeugt.

Wir haben für den Grad dieser Modulation eine Meßgröße

entwickelt, die das Ausmaß von Verhaltensunterschieden angibt. Erreicht dieser Wert 100% des maximal möglichen, so ist dies einer radikalen Verhaltensumkehr gleichzusetzen. Die in den Trainings erzielten Veränderungswerte liegen zwischen 12% und 23%: allesamt nicht dramatisch, aber alle systematisch, d. h. außerhalb dessen, was sich durch zufällige Variation ergibt.

Die damit von den Akteuren erreichten systematischen Effekte auf der Ergebnisseite, gemessen an der erzielten Stabilität, den Freiheitsgraden und der (Über-) Lebensfähigkeit der Systeme, liegen dagegen zwischen 137% und 241%, wobei 100% den Ausgangszustand beschreiben. Verglichen mit den relativ geringen Unterschieden auf der Verhaltensseite ist die Relation akzeptabel.

Die Erfahrungen mit direkt projekt- und unternehmensabbildenden Modellen sind von den Trainingsergebnissen bislang stets mitbeeinflußt worden, da beide Konzepte in der bisherigen Praxis nicht getrennt realisiert wurden. Das bedeutet: In allen Fällen, in denen wir prozeßorientierte Simulationen als unmittelbare Entscheidungshilfen eingesetzt haben, sind die jeweils verantwortlichen Akteure parallel oder zeitlich versetzt auch im Komplexitätsmanagement in der beschriebenen Form trainiert worden.

Wenn daher auch keine klare Trennung hinsichtlich eindeutiger Ursachenzuschreibung möglich ist, so führt diese Art des Modelleinsatzes zu signifikant differenzierterem und greifbarerem Wissen über die jeweilige Projektstruktur und ihre Einbettung in das Umfeld. Weiter, und dies scheint für Anwender wie Betroffene sehr viel wichtiger zu sein, ergibt sich eine angemessenere Berücksichtigung dynamischer und vernetzter Prozesse. Diese senkt immerhin die Wahrscheinlichkeit dramatischer und schädlicher Fehlentwicklungen drastisch und ermöglicht rechtzeitiges Gegensteuern.

So wurden und werden z. B. mit dem als Erläuterungsexempel geschilderten Modell jenes Dienstleisters aus dem Kapitel über die »methodischen Dimensionen« Strategien für Marktnischen entwickelt und erprobt, Konkurrenzverhalten in seinen möglichen Auswirkungen abgeschätzt und bei spürbaren

Beeinträchtigungen Varianten möglicher und wirkungsvoller Antworten darauf konzipiert. Darüber hinaus wurde die Tragweite und Durchschlagskraft eigener Konzepte ermittelt. Dabei ist stets das gesamte Spektrum beteiligter Komponenten, wenn auch von Fall zu Fall mit unterschiedlicher Gewichtung, berücksichtigt: Produkte und Vertriebswege, Personal und Organisation, Markt und Umfeld, Firmenkultur und soziale Strukturen, »harte« und »weiche« Faktoren.

Insgesamt wird man nicht umhin können, das Feld der noch zu bewältigenden Aufgaben im Hinblick auf den angemessenen Umgang mit Komplexität immer umfangreicher einzuschätzen. Eingedenk der Tatsache, daß die hier geschilderten Verfahren nur einen möglichen Zugang von mehreren neuen Strategien darstellen, und unter Berücksichtigung der immerhin ermutigenden Befunde an dieser Stelle, darf man mit einigem Recht Komplexität eher als Chance denn als Bedrohung empfinden.

Katastrophen, Chaos und Stabilität

Wir wollen mit einem Blick auf einen Bereich schließen, der inhaltlich eng mit unserem Thema verbunden ist und in jüngerer Zeit Anlaß zu mannigfachen Spekulationen, Hoffnungen und Befürchtungen gegeben hat. Erinnert man sich, daß Stabilität bzw. Instabilität eine Komplexität kennzeichnende Eigenschaften ist (vgl. S. 13 ff.), können die theoretischen Überlegungen und formalen Ansätze hierzu hilfreich für ein tieferes Verständnis komplexer Systeme und des Umgangs mit ihnen sein. Das gilt für Modelle ebenso wie für die Realität.

Spätestens seit Zeemans Artikel im Scientific American von 1976 ist das grundlegende Konzept der Katastrophentheorie über den Bereich der angewandten Mathematik hinaus einem breiteren Anwenderkreis bekannt geworden. Es geht dabei vor allem um die Analyse von Singularitäten, d. h. von »Bruchstellen« innerhalb funktionaler Zusammenhänge. Dennoch beschränkt sich die explizite Übertragung der dort vorhandenen Modellvorstellungen auf die mathematischen und physikalischen Disziplinen. Vereinzelt finden sich auch Ansätze in der Biophysik und Biologie, die vor allem von den Überlegungen Thoms angeregt wurden.

Versuche, diese neuen Modellvorstellungen auch für sozial- und wirtschaftswissenschaftliche Fragestellungen nutzbar zu machen, leiden häufig an zu starken Vereinfachungen und mangelnder Differenziertheit. So können sie jenseits ihres deskriptiven Nutzens nicht von weiterführender Bedeutung sein. In den entsprechenden Vorschlägen findet man so gut wie keine Formalisierungsansätze und die angeführten Beispiele gehen über Fälle mit nur wenigen Kenngrößen nicht hinaus.

Der Grundgedanke der Katastrophentheorie, nämlich jene Systembereiche anzugeben, in denen eine geringfügige Änderung zu heftigen Reaktionen des Gesamtkomplexes führen, ist in diesem Zusammenhang nutzbringend. Wie oben bereits erwähnt, besteht bei Simulationsmodellen das generelle Problem, deren Eigenschaften exakt beschreiben zu können. Eine der für alle unsere Untersuchungen und Anwendungen wichtigen Komponenten ist dabei der Grad der Stabilität eines Systems.

Zur Ermittlung der Stabilitätsbedingungen sind als erstes die Zustände zu bestimmen, für die das System im Gleichgewicht ist. Gleichgewicht herrscht, wenn sich der Systemzustand in der Zeit nicht mehr verändert. Von Stabilität spricht man, wenn Systemzustände, die dem Gleichgewicht ausreichend nahe sind, in diesem Bereich auch verbleiben. Im allgemeinen werden Gleichgewichtszustände asymptotisch erreicht oder aber, wenn dies nicht der Fall ist, ständig umkreist. Darüber hinaus gibt es die Möglichkeit, daß ein System an die Grenzen seiner Möglichkeiten gelangt. Statt diese überschreiten zu können, wird es dort festgehalten. In einem solchen Fall handelt es sich um ein erzwungenes oder Grenzgleichgewicht. Beispielsweise wäre der Tod eines biologischen Systems ein derartiger Fall. Außerdem besitzen komplexe Systeme in der Regel mehrere Gleichgewichtszustände.

Verfügt ein System über ein stabiles Gleichgewicht, so ergibt sich die Frage, welchen Veränderungen dieser ausgezeichnete Zustand unterworfen ist, wenn sich die Rahmenbedingungen ändern. Im Fall von Stabilität bewirken solche Änderungen graduelle und kontinuierliche Entwicklungen. So wird in einem stabilen Unternehmen etwa die Ankündigung von Kurzarbeit zwar ein gewisses Murren erzeugen, insgesamt jedoch nicht zu dramatischen Reaktionen führen. Zwar kann es in Teilbereichen auch hier zu Überraschungen kommen, doch beruhen sie nicht auf einer völlig neuen Reaktionsweise des Systems, sondern eher auf einem mangelhaften Informationsstand.

Bei Systemen mit instabilen Gleichgewichtsbedingungen ist dagegen mit Diskontinuitäten im Verhalten zu rechnen, auch wenn sich die Randbedingungen und Zustände nur geringfügig ändern. Solche »Brüche« im Systemverhalten werden in der Katastrophentheorie als Katastrophen bezeichnet. In diesem Fall wäre das Unternehmen unseres Beispiels so instabil, daß die Ankündigung der Kurzarbeit zu heftigen Demonstrationen und Streiks führen würde. Wir hätten es mit dem berüchtigten Tropfen zu tun, der das Faß zum Überlaufen bringt.

Die Menge solcher Katastrophenpunkte ist daher ein Indiz für die Stabilität des Gesamtsystems. Sie ermöglicht es zugleich, katastrophenträchtige Zustände zu ermitteln, um gegebenenfalls rechtzeitig Maßnahmen zur Stabilisierung ergreifen zu können oder diese Bereiche von vornherein zu meiden. Die Möglichkeit, mit Hilfe des mathematischen Apparats der Katastrophentheorie diese Menge zu bestimmen, machen wir uns bei den Simulationsmodellen und deren Beurteilung zunutze. Dabei geht es darum, die Handlungs- und Reaktionsspielräume, eben die Freiheitsgrade eines komplexen Systems, zu bestimmen.

Eng verwandt mit diesen Überlegungen sind die Grundgedanken der Chaosforschung. Sie beschäftigt sich mit Systemen, die aufgrund ihrer Instabilität prinzipiell nicht genau berechenbar und daher in ihrem Verhalten auch nicht exakt vorhersagbar sind. Bevor man sich jedoch zu Verallgemeinerungen über den chaotischen Zustand der Welt verleiten läßt, sollte man bedenken, daß es sich hierbei um Eigenschaften von Funktionen handelt, die nur insoweit übertragbar sind, als sie die Realität beschreiben. Das vielzitierte Beispiel vom Schmetterling im brasilianischen Urwald, dessen Flügelschlag bereits ausreicht, um Wochen später in Nordamerika einen Schneesturm auszulösen, ist nur insoweit realitätsgerecht, als die dabei verwendete Funktion die Entstehung meteorologischer Zustände korrekt abbildet – nicht weniger, aber auch ganz sicher nicht mehr.

Nichtsdestoweniger sind drei wesentliche Aspekte aus dem Bereich des formalen Chaos für komplexe Systeme interessant und können zu ihrem Verständnis beitragen. Es sind dies die grundsätzlichen Annahmen der Rekursivität, der »gebrochenen«, fraktalen Dimensionen und der Selbstähnlichkeit.

Rekursive Systeme entwickeln ihre jeweils neuen Zustände nach bestimmten Regeln aus den vorhergehenden. Anders als bei der klassischen analytischen Sehweise, die für ganze Intervalle gültige Funktionszusammenhänge angibt, entwickelt sich hier das Systemverhalten schrittweise in Abhängigkeit von der Vergangenheit und Gegenwart. Einem unvoreingenommenem Betrachter mag dieses Vorgehen selbstverständlich erscheinen, entspricht es doch der unmittelbaren Erfahrung. Für die formale Beschreibung ist dieser Ansatz dagegen eher ungewöhnlich. Er hat aber unbestreitbare Vorteile für die Abbildung komplexer und dynamischer Sachverhalte, da man auf diesem Weg bislang verborgene Phänomene aufdeckt.

Eines der wichtigsten sind die sogenannten »gebrochenen« Dimensionen. Die folgende Abbildung zeigt das Resultat einer millionenmal wiederholten Rekursion. Hier wurde das Ergebnis einer Gleichung immer wieder in die Gleichung eingesetzt, und die jeweiligen Ergebnisse wurden in das gezeigte dreidimensionale Diagramm eingetragen. Obwohl das Gebilde chaotisch ist, erkennt man doch, daß nicht alle Punkte des Raumes besetzt sind. Es gibt im Gegenteil offensichtlich Bereiche, in denen die Punkte gehäuft auftreten, (die dunklen Flächen) und solche, in denen sie seltener zu finden sind. Schließlich sind auch Zonen erkennbar, in denen sie überhaupt nicht auftreten.

Abbildung 17: C. Pickover, *Computers and the Imagination,* New York, 1991

Abbildung 18: Homer Smith (Art Matrix): *Die Orchidee.*

Die Menge dieser Zustände auf zwei Dimensionen abzubilden, d. h. streng flächenmäßig, kann nicht gelingen. Sie auf
drei Dimensionen, also im klassischen Raum abzubilden heißt,
auch Bereiche mit vorzusehen, die in dieser Menge überhaupt
nicht vorkommen (die weißen Flächen). Die Idee der gebrochenen oder fraktalen Dimensionen versucht, jenen »Raum«
zwischen den Dimensionen zwei und drei zu bestimmen, der
ausreicht, alle auftretenden Zustände zu erfassen. Das könnte
hier beispielsweise die Dimension der Größe 17/8 also 2.125
sein. Gelingt es, die hinreichende fraktale Dimension für ein
System zu bestimmen, so kann man sich nicht trotz, sondern
wegen der Chaoseigenschaft auf diesen Raum im Sinne möglicher Zustände beschränken. Das trägt durchaus zu einer gewissen Vereinfachung bei.

Und auch die dritte Komponente des Chaos, die Selbstähnlichkeit, ist so beschaffen, daß die Dinge so chaotisch doch nicht sind. Abbildung 18 gibt ebenfalls die Zustände eines chaotischen Gleichungssystems wieder, es ist der Ausschnitt einer sogenannten Mandelbrot-Menge. Hier ist zusätzlich durch die Helligkeit die Geschwindigkeit, mit der sich die Werte ändern, markiert. So ändern sich die Werte in den hellen Bereichen sehr schnell, in den dunkleren jeweils langsamer mit allen Abstufungen und in den schwarzen gar nicht mehr.

Das eigentlich Frappierende liegt jedoch in der großen Ähnlichkeit der Strukturen. Die große »Orchidee« in der Mitte kommt als gleiche Struktur vielfach im filigranen Netz der »Arme« vor. Diese Entsprechungen sind gemeint, wenn die Chaosforschung von Selbstähnlichkeit spricht. Sie ist es auch, die es, vereinfacht gesagt, erlaubt, Strukturkenntnisse und -erfahrungen aus einem Teilbereich eines chaotischen Gesamtsystems auf andere zu übertragen, nicht identisch, aber doch – ganz im Sinne der Trainingsbemühungen – gut wiedererkennbar ähnlich.

Abbildung 17 und 18: In: John Briggs, Chaos. Neue Expeditionen in fraktale Welten, München 1993, S. 81 und S. 121.

Schlußbemerkung

Wir verstehen dieses Buch sowohl als Plädoyer wie auch als Beleg für eine realisierbare Form systemischen Komplexitätsmanagements. Unübersehbar ist, daß die Anforderungen an die verantwortlichen Akteure im Sinne der Bewältigung wachsender Komplexität und zunehmender Unbestimmtheit in vielen relevanten Lebensbereichen steigen. Ebensowenig läßt sich der Bedarf an angemessenen Strategien leugnen. Man betrachte nur die geschilderten Verhaltensdefizite. In dieser Situation ist nicht damit zu rechnen, daß allgemeingültige Generalkonzepte eine befriedigende Antwort auf die dringenden Probleme liefern.

Vielmehr kommt es darauf an, flexible und interaktive Strategien zu entwickeln, die sich ständig neu am laufenden Geschehen und an den beteiligten Akteuren orientieren. Sie liefern das dringend benötigte Wissen und die notwendige Erfahrung. So kann die Einbettung von Planungs-, Entscheidungs- und Handlungsprozessen in ein Gesamtgefüge aus Denken, Wollen, Fühlen und Handeln und deren Wechselwirkungen vollzogen werden. Solche Strategien lassen sich jedoch nicht mehr als fest umrissener Wissensstoff vermitteln, sondern müssen in einen stetigen dynamischen Erfahrungsprozeß integriert sein. Da dieses Verfahren die Änderung eingefahrener Verhaltens- und Denkmuster voraussetzt, erfordert es Geduld und Mühe.

Dabei hat sich eines stets als nützlich und erfolgreich erwiesen: Das systematische Nachdenken über das eigene Denken und Handeln, um auf dem Wege der Selbstreflexion das eigene Vorgehen einer kritischen Prüfung zu unterziehen. Ein Prozeß, den man durchaus im Sinne der Selbstorganisation des Denkens interpretieren kann. Man sollte von Zeit zu Zeit ganz bewußt versuchen, Abstand vom aktuellen Tagesgeschäft zu gewinnen, um sich in die für eine derartige Vogelperspektive nötige Distanz begeben zu können. So können die Dinge »von höherer Warte« aus betrachtet werden. Allerdings sollte sich an diese Phase der Abstraktion jene der Konkretisierung, der Umsetzung anschließen. Denn erst im Tun erweist sich der Erfolg des Denkens.

Wenn dieses Buch den dafür nötigen Mut und ein wenig Begeisterung zu wecken versteht, verbessern sich die Chancen für ein erfolgreiches Komplexitätsmanagement in der Zukunft, denn: Wer Komplexität bewältigen will, muß selbst komplex sein. Wer mit Unsicherheit umgehen will, muß sie zulassen können.

Glossar

Die hier angeführten Begriffserläuterungen beziehen sich in erster
Linie auf ihre entsprechenden Verwendungen in diesem Buch und
sollen vor allem dem besseren Verständnis dienen; sie erheben keinen
Anspruch auf lexikalische Vollständigkeit und Genauigkeit.

Abstraktion: Trennung von Wichtigem und Unwichtigem innerhalb
eines Systems oder Realitätsbereichs.

Algorithmus: Lösungsverfahren für ein einzelnes, genau beschreibba-
res Problem, das, sofern keine Fehler vorliegen, immer zur Lösung
dieses Problems führt.

Analogiebildung: Bildung von strukturähnlichen, jedoch inhaltsver-
schiedenen Sachverhalten.

Bedingungsvariation, isolierte: Systematische Veränderung einer einzigen Variablen unter Konstanthaltung aller übrigen; klassisches Ex-
perimentierverfahren zur Untersuchung unbekannter Zusammenhänge in Systemen.

Bedingungsvariation, kombinierte: Systematische Veränderung bestimmter Variablenkombinationen unter der Bedingung, daß die übrigen
Komponenten nicht direkt beeinflußt werden.

Blockdiagramm: Grafik, die einen Sachverhalt durch seine Elemente
(Blöcke) und ihre Wirkungsabhängigkeiten (Pfeile) untereinander
beschreibt.

Chaosforschung: Gebiet der angewandten Mathematik, das sich mit
Systemen beschäftigt, die aufgrund ihrer Instabilität prinzipiell
nicht exakt berechenbar sind.

Dominanz: Verhalten, das nach von vornherein festgelegten Kriterien
operiert, ohne sich um bestehende Sachverhalte zu kümmern.

Drastik: Maß für den Wechsel der Dosierung von Maßnahmen und
Entscheidungen im Sinne des Variabilitätskoeffizienten.

Eigendynamik: Dynamik, die einem System innewohnt aufgrund eigener Struktur oder in der Vergangenheit stattgefundener Prozesse.

Entscheidungsdosierung: Mengen- und Umfangsvolumen von Entscheidungen.

Entscheidungsdiskrepanz: Widerspruch zwischen formulierter Absicht, die mit einer Entscheidung verfolgt wird, und tatsächlich getroffener Entscheidung und ihren Konsequenzen.

Entscheidungskaliber: s. Entscheidungsdosierung.

Entscheidungstheorien: Formale Theorien, die das Entscheidungsverhalten in Abhängigkeit von berechenbaren Erfolgswahrscheinlichkeiten einzelner Handlungsalternativen zu beschreiben und zu optimieren versuchen.

Extrapolation: Hochrechnung der Entwicklung und Ausprägung einer Kenngröße oder ganzer Systeme aufgrund bisheriger Daten und theoretischer Annahmen.

Flexibilität: Fähigkeit oder zumindest Bereitschaft, sein Verhalten den Umständen entsprechend zu variieren und gegebenenfalls auch vollständig zu verändern.

Freiheitsgrad: Dimension eines Systems oder Realitätsbereichs, in der vom sonstigen Zustand unabhängige Veränderungen möglich sind.

Führungsstil: Art und Weise, in der ein Akteur mit den ihm überantworteten Komponenten eines Systems umgeht; in der Regel sind dies Mitarbeiter, Kollegen, Untergebene und Vorgesetzte, es können aber auch andere Systemelemente sein.

Gestaltbildung: Zusammenfassung einzelner Elemente zu einer übergeordneten Ganzheit, die sich nicht vollständig aus der Summe der sie bestimmenden Einzelteile erklären läßt.

Gewaltlösungen: Entscheidungen und Maßnahmen, die die Lösung eines Problems ohne Rücksicht auf vorhandene Gegebenheiten meist auf sehr einfache und brutale Weise zu erzwingen versuchen.

Heurismus: Lösungsverfahren, das für eine ganze Gruppe oder Klasse von Problemen Gültigkeit besitzt, dafür jedoch im Einzelfall nicht sicher zum Erfolg führt, sondern durchaus auch schwere Mißerfolge zeitigen kann.

Informationsverarbeitungskapazität: Ausmaß an Information, die von einem Akteur oder System aufgenommen und sinnvoll verwertet werden kann.

Innovationsanteil: Anteil neuer, bislang nicht verwendeter Maßnahmen und Konzepte am Gesamtverhalten bzw. Gesamtentscheidungsspektrum.

Instabilität: Eigenschaft von Systemen, auf geringfügige Aktionen oder Veränderungen relativ schnell mit überproportionalen Reaktionen zu antworten.

Intelligenzquotient (IQ): Individuelle Leistung in einem Intelligenztestverfahren bezogen auf die entsprechende durchschnittliche Leistung der Altersgruppe des Einzelnen in diesem Verfahren.

Interaktivität: Eigenschaft eines Systems oder Realitätsbereichs, die es erlaubt und erfordert, wiederholt einzugreifen und auf die Konsequenzen dieser Maßnahmen zu reagieren.

Katastrophenpunkt: Zustand eines Systems, in dem mit überproportionalen Reaktionen auf vergleichsweise geringfügige Veränderungen gerechnet werden muß.

Komplexität: Eigenschaft von Systemen oder Realitätsbereichen, die sowohl unüberschaubar, vernetzt, eigendynamisch und undurchsichtig als auch wahrscheinlichkeitsabhängig und instabil sind.

Korrelation: Maß für die gemeinsame Variation von Merkmalen, Kenngrößen und Variablen.

Krisensituationen: Situationen, die durch sehr schnelle und dramatische Veränderungen in Richtung auf Destabilisierung und Zerstörung ausgezeichnet sind.

Nebenwirkungen: Wirkungen innerhalb eines Systems oder Realitätsbereichs, die sich jenseits der unmittelbar angestrebten Konsequenzen und zusätzlich zu den direkt erwarteten einstellen.

Netzwerk: System aus miteinander durch Wirkmechanismen verknüpften Elementen.

Programmodul: Relativ selbständige und in sich geschlossene Untereinheit innerhalb eines Gesamtcomputerprogramms.

Reduktion: Trennung von Ursachen und Wirkungen innerhalb eines Systems oder Realitätsbereichs.

Regelkreis: Wirkungsverknüpfungen von Systemelementen, die miteinander in Wechselwirkung stehen und innerhalb derer einige als willkürlich veränderbare Komponenten und andere als Ergebnisgrößen fungieren.

Rekursivität: Eigenschaft von formalen aber auch nichtformalen Systemen, künftige Zustände aus den vergangenen zu entwickeln.

Restirrtumswahrscheinlichkeit: Jene Wahrscheinlichkeit, mit der ein behaupteter statistischer Effekt (z. B. der Unterschied oder der Zusammenhang zweier Merkmale) doch nicht systematisch, sondern nur zufällig zustandegekommen ist.

Schwerpunktwechsel: Verschiebung des Handlungszentrums hinsichtlich Thematik und Vorgehensweise.

Selbstähnlichkeit: Strukturübereinstimmungen zwischen einzelnen Teilbereichen innerhalb eines chaotischen Systems.

Selbstreflexion: Nachdenken über das eigene Denken und Handeln, seine Hintergründe, Absichten und Merkmale.

Simulationsmodell: Modell, in der Regel computergestützt, mit dem Realitätsbereiche oder zumindest Teile daraus in ihren wesentlichen Aspekten abgebildet werden.

Singularitäten: Unstetigkeiten und »Sprünge« innerhalb funktionaler Zusammenhänge, die in der Regel gesondert analysiert und bestimmt werden müssen.

Spätwirkungen: Konsequenzen von Handlungen, Eingriffen oder Veränderungen, die sich erst nach Ablauf einer gewissen Zeit einstellen, so daß eine unmittelbare Zuordnung von Aktion und Reaktion nicht mehr ohne weiteres möglich ist.

Stabilität: Ein System gilt als stabil, wenn sich seine Zustände nahe dem Gleichgewicht nur noch geringfügig ändern und auch Änderungen der Gleichgewichtsbedingungen ihrerseits nur kontinuierliche Systemmodifikationen nach sich ziehen.

Stellvertreterinformationen: Informationen, die einen Sachverhalt nur indirekt wiedergeben und beschreiben, was in der Regel mit Einbußen bei Genauigkeit und Umfang der Informationen über den zugrundeliegenden Sachverhalt verbunden ist.

Strukturierung: Ein Prozeß, der einem Realitätsbereich oder System eine Ordnung unterlegt, nach der wesentliche Aspekte des Zusammenwirkens von Komponenten statischer und dynamischer Art deutlicher erkennbar werden.

Symptome: s. Stellvertreterinformationen.

System: Realitätsbereich, der durch seine Elemente, ihre Verknüpfungen und eine klare Abgrenzung gekennzeichnet ist.

Undurchsichtigkeit: Eigenschaft komplexer Sachverhalte, nicht alle vorhandenen Informationen über den aktuellen Zustand und die strukturellen Hintergründe offenzulegen oder zugänglich zu machen.

Unstetigkeitsstellen: Jene Stellen innerhalb eines Verhaltens- oder Funktionsspektrums, an denen geringfügige Veränderungen sprunghafte Reaktionen zur Folge haben.

Unüberschaubarkeit: Eigenschaft komplexer Sachverhalte, grundsätzlich mehr Informationen zu enthalten, als sich unmittelbar vom Akteur verarbeiten lassen.

Validierung: Prüfung, ob ein empirischer oder theoretischer Befund in dem geforderten zugehörigen Realitätsbereich Gültigkeit besitzt.

Variabilitätskoeffizient: Verhältnis der Streuung einer Kenngröße zu ihrer durchschnittlichen Ausprägung in Prozent.

Vernetzung: Eigenschaft komplexer Sachverhalte, die sich aus der vielfältigen, netzartigen Verknüpfung ihrer Elemente untereinander ergibt.

Wahrscheinlichkeitsabhängigkeit: Eigenschaft komplexer Systeme, die sich auf die nur mit Wahrscheinlichkeiten angebbaren Zusammenhänge und »Gesetzmäßigkeiten« innerhalb ihrer Wirkungsgefüge bezieht.

Wahrscheinlichkeitsübergang: Wahrscheinlichkeit für den Wechsel eines bestimmten Zustands in einen anderen.

Wertorientierung: Ausrichtung des Handelns und Beurteilens an ethischen Konzepten und Normen individueller oder sozialer Natur.

Wertvorstellungen: Inhaltliche Aspekte für persönliche und allgemeine ethische und normative Orientierungen.

Wirkungsdiagramm: s. Blockdiagramm.

Wirkungsnetz: Gefüge von Abhängigkeiten und Beeinflussungen zwischen den Elementen eines Systems oder Realitätsbereichs.

Literaturverzeichnis

Briggs, J.: *Chaos*. Hanser, München 1993

Cornwell, J. (Hrsg.): *Nature's Imagination: The Frontiers of Scientific Vision*. Oxford University Press, Oxford 1995

Debus, G., Erdmann, G. & Kallus, K.W. (Hrsg.): *Biopsychologie von Streß und emotionalen Reaktionen*. Hogrefe, Göttingen 1995
Dörner, D.: *Problemlösen als Informationsverarbeitung*. Kohlhammer, Stuttgart 1976
Dörner, D.: *Die Logik des Mißlingens*. Rowohlt, Reinbek 1989
Dörner, D., Kreuzig, H.W., Reither, F. & Stäudel, T. (Hrsg.): *Lohhausen: Vom Umgang mit Unbestimmtheit und Komplexität*. Huber, Bern 1983

Gerling, R. & Obermeier, O.-P. (Hrsg.): *Risiko - Störfall - Kommunikation*. Gerling Akademie Verlag, München 1994
Gerling, R. & Obermeier, O.-P. (Hrsg.): *Risiko - Störfall - Kommunikation 2*. Gerling Akademie Verlag, München 1995

Haken, H.: *Synergetik. Eine Einführung. Nichtgleichgewichts-Phasenübergänge und Selbstorganisation in Physik, Chemie und Biologie*. Springer, Berlin 1981

Inglehart, R.: »Wertwandel in den westlichen Gesellschaften«. In: Klages, H. & Kmieciak, P. (Hrsg.): *Wertwandel und gesellschaftlicher Wandel*. Frankfurt 1979

Kaye, B.: *Chaos & Complexity*. VCH Verlagsgesellschaft, Weinheim 1993

Lee, W.: *Psychologische Entscheidungstheorie*. Beltz, Weinheim 1977
Lewin, R.: *Die Komplexitätstheorie: Wissenschaft nach der Chaosforschung*. Hoffmann und Campe, Hamburg 1993

Mainzer, K.: *Thinking in Complexity: The Complex Dynamics of Matter, Mind and Mankind.* Springer, Heidelberg, New York 1994

Neisser, U.: *Kognition und Wirklichkeit.* Klett-Cotta, Stuttgart 1979
Nicolis, G. & Prigogine, I.: *Die Erforschung des Komplexen.* Piper, München 1987

Reither, F.: »Wertorientierung in komplexen Entscheidungssituationen«. *Sprache und Kognition 1*, 21-27, 1985
Reither, F.: »Schwierigkeiten beim Umgang mit wirtschaftlich-ökologischen Systemen«. In: Balck, H. & Kreibich, R. (Hrsg.): *Evolutionäre Wege in die Zukunft.* Beltz, Weinheim 1991
Rokeach, R.: *The Nature of Human Values.* New York 1973
Ruelle, D.: *Zufall und Chaos.* Springer, Berlin 1993

Schüz, M. (Hrsg.): *Risiko und Wagnis.* Neske, Pfullingen 1990
Schwarzer, R.: *Streß, Angst und Hilflosigkeit.* Kohlhammer, Stuttgart 1981
Suedfeld, P.: »Integrative Komplexität als eine Variable historischer Forschung und internationaler Beziehungen«. In: Mandl, H. & Huber, G.L. (Hrsg.): *Kognitive Komplexität.* Hogrefe, Göttingen 1978

Thom, R.: *Structural Stability and Morphogenesis.* Benjamin, Reading (Mass.) 1975

Zeeman, E.C.: »Catastrophe Theory«. *Scientific American 234*, 65–83, 1976
Zeeman, E.C.: *Catasthrophe Theory - Selected Papers 1972–1977.* Addison-Wesley, Reading (Mass.) 1977

Sachregister

Absichten 9, 44 f., 69, 77, 80, 92 ff., 148
Abstraktion 144 f.
Algorithmus 145
Analogiebildung 145
Analysen, stationäre Angst 47 f.

Bedingungsvariation, isolierte 28, 64 ff., 145
Bedingungsvariation, kombinierte 28, 65, 145
Blockdiagramm 145

Chaosforschung 11, 138, 140 f., 150
Computersimulation 75

Diagnose 35, 46, 124 f., 130 f.
Distanz 24, 67, 144
Dominanz 66 f., 145
Dosierung 62 ff., 84 f., 97, 145
Drastik 63 f., 68, 145
Dynamik 11, 16, 19, 24, 31, 34, 51, 57, 67, 125 f., 145

Eigendynamik 16, 47, 66, 145
Eindimensionalität 62
Einflußfaktoren, harte 31
Einflußfaktoren, weiche 31
Einstellungen 122
Emotionen 91, 117 ff., 121, 130
Entscheidungsdosierung 146
Entscheidungsdiskrepanz 146
Entscheidungskaliber 63, 84, 146

Entscheidungsprozeß 13, 30, 32, 127, 143
Entscheidungstheorien 123, 146, 150
Erfolgskontrolle 69
Erwartungshaltung 122
Expertentum 15, 19, 110
Extrapolation 146

Falsifizierung 53
Flexibilität 19, 21, 56, 127, 129, 146
Fluchttendenz 79
Fraktal 138, 140
Freiheitsgrad 22, 134, 138, 146
Führungsstil 105, 146

Geduld 8, 27 f., 54, 143
Gefühle 7, 117 ff., 121 f.
Gestaltbildung 26, 146
Gewaltlösung 60, 115, 146
Gleichgewicht 74, 109 ff., 117, 137, 148
Großsysteme 7, 24, 35, 72 f.

Handlungsdruck 74
Handlungsmacht 74, 100
Heurismus 112, 146
Hierarchien 99
Hirnphysiologie 105

Informationsmenge 14
Informationstechnologie 22, 54

Informationsverarbeitungska-
pazität 14, 146
Innovationsanteil 146
Instabilität 18, 30, 100, 136,
138, 145
Integration 32
Intelligenzquotient (IQ) 104,
147
Interaktion 34, 72, 106, 126,
128
Interaktivität 19, 25, 30f., 75,
143, 147
Intuition 119, 121

Katastrophen 71, 80ff., 74f.,
86ff.
Katastrophenpunkt 137, 147
Katastrophentheorie 137ff.
Komplexität 7ff., 10ff., 21f.,
30ff., 41, 44, 48, 67, 69f.,
90ff., 97f., 102ff., 108, 111,
115, 117, 119, 123f., 129f.,
135f., 143f., 147, 150f.,
Kontrolle 55, 69, 74, 96, 100,
110ff., 117f
Kontrollverlust 108, 110, 119
Korrelation 104, 147
Krisenmanagement 8, 30, 71,
86, 92, 130f.
Krisensituationen 71, 83, 95,
99, 110, 130, 147

Modellkonstruktion 33
Modellwelt 31, 35, 124
Motivation 74, 104, 117f.
Mut 31, 112, 115f., 144, 115,
118

Nebenwirkungen 16, 26, 60,
62, 129, 147
Netzwerk 21f., 58, 147
Nichtlinearität 48f., 50, 53

Persönlichkeitsmerkmale 70,
103ff., 106
Planung, reaktive 59
Planungsprozesse 56f.
Potentialanalyse 32, 34
Programmodul 37, 147
Projektmanagement 32, 132
Prognosen 17, 103, 105
Prozeßorientierung

Reagibilität 11
Reduktion 26, 147
Regelkreis 15, 147
Rekursivität 138, 147
Restirrtumswahrscheinlichkeit
43, 147
Rigorosität 84
Risiko 17, 91, 112, 118, 150f.
Risikoanalyse 32f., 72, 126
Rückwärtsplanung 34f.

Schachspiel 14f.
Schwerpunktbildung 54, 56,
79
Schwerpunktwechsel 26, 56,
148
Selbstähnlichkeit 138, 140, 148
Selbstbewußtsein 112, 121f.
Selbstreflexion 114, 143, 148,
Simulationsmodell 31f., 34,
128, 136, 138, 148
Singularitäten 136, 148
Situationsanalyse 46ff., 78
Spätwirkungen 16, 28, 148
Stabilität 8, 129, 133f., 136, 148
Stellvertreterinformationen 17,
28f.
Strategie 8, 16, 19, 27, 32f., 34,
57f., 71, 81, 105, 123f.,
127f., 130, 134f., 143
Streß 108ff., 110f., 150f.,
Strukturierung 148

Symptome 17, 28, 148
System 10 f., 13 ff., 23, 25 ff.,
    30, 32, 47, 52, 65, 71 ff., 74 f.,
    78, 86 ff.,90, 101, 124, 126 ff.,
    131, 136 ff., 140, 146 ff., 149,
    151

Training 8, 32, 35, 124 ff., 29 f.
Trend, linearer 48
Trendanalysen 48

Überprüfbarkeit 44
Undurchsichtigkeit 17, 148
Unsicherheit 7, 29, 66, 91, 108,
    110, 124, 144
Unstetigkeitsstellen 30, 148
Unternehmenserfolg 31
Unternehmenskultur 31, 17
Unüberschaubarkeit 14 f.,
    23 ff., 46, 148

Validierung 37 f., 133, 149
Variabilitätskoeffizient 63 ff.,
    145, 149
Verhaltensänderung 131, 133
Verhaltensanalyse 32, 126 f.
Verhaltensbeobachtung 34

Verhaltensmuster 30, 48, 57,
    74, 104, 124, 133
Vernetzung 7, 16, 22 f., 149
Verschwörungstheorien 53,
    111

Wahrscheinlichkeitsabhängig-
    keit 17, 149
Wahrscheinlichkeitsübergang
    29, 149
Wertkonflikte 111, 122
Wertorientierung 91, 98 f.,
    100, 122, 149, 151
Wertstruktur 91 f., 96, 100,
Wertvorstellungen 68, 91 f.,
    94, 96, 122 f., 149
Wirkungen, zeitverzögerte 52
Wirkungsdiagramm 26, 149
Wirkungsnetz 15, 149
Wirkungsunsicherheit 17, 71

Zeitdruck 16, 76, 109, 119
Zeithorizont 27, 50, 132
Zielformulierungen 44
Zielkonflikt 95, 122, 127
Zielorientierung 34
Zielüberprüfungen 45, 69

Peter L. Bernstein

Wider die Götter
Die Geschichte von Risiko und
Riskmanagement von der
Antike bis heute

Aus dem Amerikanischen von
Gerhard Beckmann
480 Seiten, Leinen, Fadenheftung
ISBN 3-9803352-7-5

»Bernstein dringt zu einem Zentralthema unserer
modernen, kapitalistischen Weltauffassung vor:
dem der Rationalität in unseren Entscheidungen
angesichts einer offenen Zukunft.«
FAZ

Joël de Rosnay
Homo symbioticus
Einblicke in das 3. Jahrtausend

Aus dem Französischen von
Bernd Wilczek
416 Seiten, Leinen, Fadenheftung
ISBN 3-9803352-4-0

»Sein Buch kann als Glücksfall bezeichnet werden.
Denn es liefert sowohl einen originellen Gegen-
wartsbericht als auch eine visionäre Annahme
der Welt von morgen.«
Süddeutsche Zeitung

Platz 9 der Sachbuch-Bestenliste im Mai 1997
Süddeutsche Zeitung/NDR